Bruno Gilles

Atout cœur pour Marseille

Entretien avec CFK

#Municipales 2020

« C'est souvent pour les enfants qu'on ne fait pas de politique.
Or, c'est pour eux qu'il faut en faire. »
Vaclav Havel

« Le succès n'est pas final, l'échec n'est pas fatal, c'est le courage de continuer qui compte. »

Winston Churchill

© 2020, François-Kirsch, Christine
Edition : Books on Demand,
12/14 rond-Point des Champs-Elysées, 75008 Paris
Impression : BoD - Books on Demand, Norderstedt, Allemagne
ISBN : 9782322185733
Dépôt légal : janvier 2020

À Bastien et Margaux
À Lucie
Aux enfants de Marseille

Pourquoi ce livre ensemble

Nous nous connaissons depuis très longtemps. Chacun d'un côté de la barrière. Moi, jeune journaliste alors, même pas journaliste politique à l'époque, d'ailleurs. Lui jeune maire de secteur. Pas encore parlementaire.

Très vite, malgré des divergences politiques réelles et revendiquées, nous avons sympathisé. Il est l'un de ceux qui m'ont donné le goût de la politique. Parce que souvent nous prenions un rendez-vous matinal et partagions un café, dans son bureau. Il me racontait les dessous de la politique locale, me donnait des « Off », m'offrait quelques exclusivités, commentait l'actualité. Dans ce bureau, j'en ai entendu, des histoires sur les uns et les autres.

Le même bureau qu'il occupe encore aujourd'hui. Un bureau qui donne sur une ruelle du 5e arrondissement. Il est au bout d'un couloir. Dans le sas qui mène au bureau, un portrait de Chirac. Dans son bureau, des photos. De sa femme Silvia, de ses enfants Bastien et Margaux. De Gaudin. De Renaud. Jamais il ne l'appelle Muselier. C'est toujours Renaud. Et Gaudin, c'est Gaudin…

Il y a donc Chirac. Évidemment. Encore et toujours. Bernadette aussi. Des affiches de campagnes électorales. D'autres clichés, de Sarkozy lors de meetings ou au moment de l'inauguration du tramway à Marseille, en 2007. Il y a des photos d'élus, des amis politiques.

Et des figurines de Tintin. Bruno Gilles adore Tintin. On a tous nos lubies. Lui, c'est Tintin et Hergé.

Sur un autre mur, une photo du chien Saucisse, dédicacée de l'artiste Serge Scotto. Il y a même dans l'arrondissement un square baptisé « Chien saucisse », en souvenir de ce petit animal attachant. Et un peu subversif.

Et puis, partout, des tonnes de dossiers. Classés on se demande bien comment. Des post-it jaunes. Parfois décolorés. Une table de réunion encombrée de pochettes, de chemises de travail, de papiers en tout genre.
Et des articles de journaux. De vieux magazines. Les couvertures évoquent des campagnes municipales précédentes.
Une carte postale avec la photo de Marie-Arlette Carlotti et Jean-Noël Guérini, souvenir de la campagne si dure des Municipales 2008.
Quelques livres. Des romans, des ouvrages politiques. Des biographies.

Des oeuvres d'artistes au mur. Comme celle de Ben Colibri, et son fameux :

« Route barrée, on s'en fout, on y va quand même ».

C'est dans ce bureau que j'ai appris à connaître Bruno Gilles. Maire de secteur, puis député, puis sénateur. Et aujourd'hui candidat à la mairie de Marseille.

Notre amitié dure depuis au moins 20 ans. Une amitié distante. Respectueuse.

Il est le premier à m'avoir surnommée CFK. Il m'a connue de mon nom de jeune fille, il m'a mariée en 2004, et depuis, je suis, pour lui, CFK. J'ai écrit des articles critiques parfois, à d'autres moments nous avons monté des coups, étudié ensemble diverses hypothèses politiques et électorales.

Ici, toujours dans le même fauteuil face à lui, j'ai écouté. Posé des questions. Parfois dérangeantes. J'ai donné mon avis. Affiché des désaccords. Ou montré mon enthousiasme. Je l'ai entendu jurer comme si nous étions dans un film d'Audiard. Michel, pas Jacques.
Oui, il y a quelque chose d'un Titi parisien chez le minot des Chutes-Lavie. Paradoxal quand on vise le fauteuil de maire de Marseille ?

Pas forcément.

Car il en faut, de la gouaille, de l'audace, de la malice, de l'intelligence, de l'oralité fluide et drôlatique, de la bienveillance aussi pour séduire les Marseillais et les emporter avec soi.

C'est dans son bureau qu'au milieu du premier semestre 2019, alors que nous partagions un énième café matinal, qu'il m'a proposé de l'accompagner dans cette aventure électorale. Pas gagnée d'avance, l'aventure. Mais gagnable. J'ai dit « Oui », sans hésiter une seule seconde. Parce que j'ai senti, parce que j'ai su qu'il était l'homme de la situation. Du contexte. Du moment. De ce virage historique. Une fin de règne presqu'agonisante, gonflée du drame de la rue d'Aubagne, d'un bilan contesté, d'un dernier mandat de Jean-Claude Gaudin sans souffle. D'un mandat de trop.

Marseille a besoin d'autre chose. Peut-être quelque chose qu'elle n'a jamais connu. Et qui est en train de s'écrire sous nos yeux.

Nous avons construit ce livre avec Bruno Gilles comme un rendu fidèle de nos entretiens, de nos discussions à bâtons rompus, étalés sur le printemps, l'été et l'automne2019. Nous nous tutoyons dans la vie. Nous nous tutoyons dans ce livre. Ce qui n'appartient pas aux codes journalistiques. Mais à Marseille, on tutoie presque tout le monde !

Vous allez croiser Chirac, Sarkozy, Gaudin, Muselier, Vassal, la vie, les alliés politiques, les amis qui se sont éloignés, les trahisons, les déceptions, la liberté, les Marseillais.
Et Marseille.

Ce livre est pour Marseille et les Marseillais.

Il est pour vous.

Pour que vous sachiez à qui vous avez affaire.

Pour que vous sachiez un peu mieux qui est Bruno Gilles.

CFK (Christine François-Kirsch)

CHAPITRE 1

L'homme Bruno Gilles

-1- Ma mission pour Marseille

En 2012, dans un entretien accordé à La Provence, tu t'exprimais ainsi : "Je jouais en D2, je passe en D1 pour évoluer en Champion's league ». Tu te souviens ?

Oui, parfaitement bien. C'était un moment particulier de ma vie politique. De ma vie tout court d'ailleurs. Un jour de tristesse pour Renaud (Muselier), au lendemain des législatives de 2012. Une sorte d'émancipation pour moi.

Nous y reviendrons au cours de cet entretien. Gagner et diriger Marseille, c'est effectivement de l'ordre d'une finale de Champion's league !

On y est habitué à Marseille. À jamais les premiers !

Tu as déclaré ta candidature à la mairie de Marseille très tôt, le 13 septembre 2018. Soit 18 mois avant l'échéance des 15 et 22 mars 2020. C'est un peu la fable de La Fontaine ! Le lièvre et la tortue. Et on se souvient qui gagne : c'est la tortue.

Une tortue Ninja alors ! Je connais bien Marseille. Très bien même. J'y suis né, je suis un minot des Chutes-Lavie, dans le 4e arrondissement. J'y ai grandi, je m'y suis marié, je vis toujours dans le quartier de mon enfance. Mes enfants sont nés ici. J'ai été maire des 4e et 5e arrondissements. Parlementaire à plusieurs reprises. Directeur de campagnes, locales et nationales : 21 fois ! Sans vouloir être prétentieux, je crois qu'on peut affirmer que je connais ma ville sur le bout des doigts.

Mais pourquoi t'être déclaré si tôt ?

Une campagne municipale, ça ne peut pas être une campagne hors-sol, pendant laquelle on explique aux gens ce dont ils ont besoin. On doit les rencontrer, les écouter, entendre leurs doléances, leurs besoins. Leurs rêves aussi. C'est la raison pour laquelle j'ai choisi de construire, avec les Marseillais, pour les Marseillais, un projet participatif. Marseille, ce sont près de 900 000 habitants. Des salariés, des chefs d'entreprises, des femmes seules, des chauffeurs de taxis, des commerçants, des familles nouvellement venues, des artistes, des fonctionnaires, des soignants, des seniors, des étudiants, des sportifs, des hipsters. Des gens qui sont nés dans un quartier et qui sont de ce quartier. Qui n'en partiront jamais. Comme d'autres qui arrivent d'ailleurs et qui cherchent la lumière particulière de Marseille. Certains ont la foi, d'autres ne l'ont pas. Comprendre, sentir, expliquer, entendre : ça prend du temps et c'est une très bonne chose de prendre ce temps. Le maire ne peut pas, ne doit pas être en dehors de sa ville. Il doit la connaître, savoir de quoi la population est faite. Dans sa diversité.

Pourquoi veux-tu être maire de Marseille?

C'est une très bonne question. (Rires)

Elle est même centrale, non?

Elle l'est ! Je ne veux pas être maire pour une question d'ego, de revanche personnelle ou par goût du pouvoir. Je n'ai jamais couru après les mandats, je n'ai pas multiplié les aventures électorales au gré des opportunités. Je ne veux pas prendre la mairie. Et j'ai toujours pensé qu'il fallait donner sa chance à d'autres talents. Martine Pustorino, qui m'a succédé à la mairie de secteur en 2017, en est un exemple. On ne réussit jamais seul.
Je ne pars pas à l'assaut de la mairie. Ça n'est pas ainsi que je fonctionne et je ne changerai pas. Je veux être maire des Marseillais. Je veux être un maire à plein temps, qui apaise cette ville. Marseille mérite que l'énergie soit mieux utilisée. Que l'argent public serve au collectif.
Marseille est une ville ambivalente, particulièrement étendue, avec de fortes disparités. Mais Marseille a besoin d'apaisement et d'autorité. D'ambition et de sérieux. Je serai ce maire-là.

-2- Moi ? En forme olympique !

Avant d'aborder les moments importants de ta vie politique et d'approfondir tes propositions et ta vision pour Marseille, j'ai une autre question fondamentale : ta santé.

C'est normal que tu me la poses. Je suis en très grande forme. Jamais je ne me suis senti aussi bien !

Je te pose cette question car tu as subi le 1er décembre 2017 une opération particulièrement délicate et risquée, une transplantation cardiaque. Acceptes-tu que nous en parlions un peu ?

Je pense que les Marseillais ont le droit de savoir. Evidemment.

En fait, tu as été victime à l'âge de 26 ans d'un accident de ski nautique qui a entraîné un infarctus d'origine traumatique, suite à l'enfoncement de la cage thoracique.

C'est exactement ça. Je n'ai jamais eu de problèmes de santé. C'est cet accident quand j'étais jeune qui a déclenché le reste.

Après quelques alertes sérieuses au fil des années, tout bascule. Nous sommes en novembre 2017.

Je n'ai jamais eu de maladie du coeur. Ni de problèmes de santé particuliers. J'insiste. Oui, au fil des années, mon cœur, comme un muscle endommagé, a perdu de sa puissance. Et fin novembre 2017, alors que je suis dans la voiture et que je m'apprête à partir pour le Sénat, je reçois un coup de téléphone de mon cardiologue. J'ai passé deux jours auparavant des analyses. Roger mon chauffeur ne cesse de me dire qu'il me trouve anormalement fatigué. Comme il me connaît très bien, il me dit même :

—Je ne te laisse pas prendre le TGV dans cet état-là !

Et ton cardio t'ordonne de venir en urgence à l'hôpital Beauregard ?

C'est ça. Roger fait demi-tour pour m'emmener à Beauregard. Ce jour-là, il m'a sauvé. À Beauregard, j'ai immédiatement une chambre qui m'attend aux soins intensifs. Là, je me prends un truc énorme dans la gueule. Je comprends. Mon coeur ne pompe plus. Puis je pars à la Timone, dans le service du Professeur Frédéric Collart.

Tu attends alors une greffe du coeur. À écrire, c'est juste incroyable.

Alors à vivre ! La greffe arrive. Je passe par un peu de coma, puis des moments de souffrance physique difficiles à décrire. La douleur morale est insoutenable. Il y a aussi des instants d'une extrême lucidité. Je peux affirmer que mon ami, le Professeur Frédéric Collart, m'a sauvé la vie.

Silvia ma femme vient tous les jours. Les enfants aussi.

Tout prend très rapidement une saveur inestimable. Tout devient hors du commun.

Puis tu pars à Hyères dans un centre de convalescence et tu y restes de longues semaines.

Des semaines, oui. Je comprends que tout va se jouer, et quand je dis tout, c'est mon avenir, c'est ma vie, et crois-moi qu'à ce moment-là, la politique n'est pas présente à mon esprit ; je comprends donc que si je réussis ma convalescence, je vais survivre. Je vais vivre. Ma vie sera meilleure. Bien meilleure. Je le sais d'instinct, même si les médecins me l'expliquent par la suite.

C'est même une pression phénoménale parce que je sais, grâce à l'Association des Greffés du coeur, que d'anciens greffés ont participé au Marseille-Cassis, à des compétitions de golf, à des championnats d'haltérophilie. Je sais que l'on peut mener une belle vie après.

Je te jure, je ne pense pas à la politique. J'essaie juste d'aller un peu mieux. Je m'accroche. Je me bats. Chaque jour est un défi. Pas après pas. C'est Chirac qui disait dans ses Mémoires :

—*« Chaque pas doit être un but. »*

Une rééducation de cet ordre, c'est aussi très méthodique.

Oui. Et je m'y mets. Demi-journée après demi-journée. Méthodiquement comme tu dis. Je reprends peu à peu confiance. J'entends régulièrement ceci de la part des personnels soignants :

—Vous pouvez retrouver une vie extraordinaire. Mieux qu'avant sans doute.

L'envie revient. Le goût et l'odorat aussi. Et je rêve de faire une plongée. Ca m'aide. C'est un peu un lieu sûr, comme on dit en psychologie. Je me vois sous l'eau, ça m'apaise et ça me donne une force extraordinaire.

C'est à ce moment-là, après de longues semaines de souffrance, d'incertitudes finalement sur l'avenir de ton existence, que tu prends conscience qu'il va y avoir un après ?

Oui. Tu sais, quand tu as fait toute ta vie de la politique, quand tu as orchestré des campagnes municipales, cantonales, législatives, présidentielles, et que tu te retrouves comme un con en bas d'un escalier en y voyant le plus grand défi de ta vie : monter 3 étages… Tu comprends que tu viens de passer par quelque chose de fondamental. Presque mystique. C'est exactement ça : tu repars sur de nouvelles fondations. Marche après marche, tu gravis des étages. À la seule force de ton mental. Chaque marche que tu gravis, c'est ta vie que tu joues !

À Hyères, tu suis un entraînement quasi-militaire pour ta rééducation.

Oui, notamment avec un kiné polonais formidable qui vient même après son service, travailler avec moi ou discuter. Thomas, je ne l'oublierai jamais.

Je suis même entré dans un programme d'entraînement du Racing Club Toulon ! Les semaines passent, très méthodiques. Quasi-militaires, tu as raison. Ma famille vient, quelques amis aussi. Peu de monde, à ma demande.

A quel moment la politique revient-elle dans ton esprit ?

C'est assez progressif. Une convalescence de cet ordre, ça n'est pas se remettre d'une appendicite. Au milieu de la rééducation, alors que tu es là depuis un bon moment, ne serait-ce que marcher deux kilomètres relève d'un calvaire. Je me fixe des objectifs. Trop hauts au début ! Je me fais même un peu engueuler par mes médecins, qui me disent :

—Bruno, que tu aies envie de faire ça, ok, mais ne te fixe pas de date ! Tu te mets trop de pression !

Et puis je commence à me sentir mieux. Vraiment mieux. Je suis en vie. Et toi qui t'intéresses à la psychanalyse, tu peux même l'écrire en un mot. Je ne suis qu'envie ! Je me mets alors à penser à mon existence, à ma famille. Je me projette.

Et que vois-tu de toi en imaginant ton quotidien ?

Pour moi, à ce moment-là, en plein dans ma convalescence, il y a 3 options très claires.

La première, que je balaie très rapidement : tout arrêter. Ne plus faire de politique. Et comme on dit, profiter de la vie. Mais très peu pour moi ! J'adore la vie, j'ai une famille merveilleuse, plein d'amis. Mais je ne peux pas rester à ne rien faire. Je sais que je vais m'emmerder au bout de deux jours !

La deuxième option, sans doute la plus raisonnable, c'est mener une vie de sénateur. Être à Paris quelques jours dans la semaine. Le reste du temps à Marseille. Une vie confortable, sans combat politique, sans joutes verbales. Tranquille, quoi. Sérieuse, importante. Mais sans ce qui fait le sel de la vie. De ma vie en tous cas…

Et sans vraiment y penser, presque inconsciemment, ça se présente à moi.

Ou plutôt, ça s'impose à toi, si je traduis ta pensée.

Oui, c'est ça, ça s'impose. C'est plus fort que ma raison. Je me dis ceci : je ne viens pas de ressusciter, je n'arrive pas de ce voyage-là pour mener une vie banale et confortable. J'ai même l'impression de ne pas en avoir le droit. Je ne suis pas mystique, mais il y a quand même quelque chose de la mission.

Le temps supplémentaire qui m'est donné, j'en fais quoi ? C'est une question énorme, cruciale, profonde.

Et ?

Je vais tenter un truc de fou, un truc que je m'étais interdit. Par peur, par conventions. Pour mille raisons. On trouve des raisons de ne pas faire dans la vie. De mauvaises raisons souvent… Je choisis alors de me présenter à la Mairie. Je veux être Maire de Marseille. Je vais être Maire de Marseille.

Ma rééducation change alors de mode opératoire et je me prépare physiquement et moralement au combat. Comme un athlète de haut niveau. Qui revient de loin. Qui part au combat pour gagner. Mais pas pour lui. Pour la ville. Pour la population.

Tu reprends même à une date symbolique ta vie publique et politique…

Je reprends le 18 juin 2018, en effet. Le jour de la date commémorant l'appel du Général de Gaulle, depuis Londres, le 18 juin 1940. L'appel à la résistance, au combat…

Un appel à ne jamais céder. Jamais.

« La vie est la vie, autrement dit un combat, pour une nation comme pour un homme »,

disait le Général de Gaulle, en 1965, lors de ses vœux.

Autour de toi, comment est vécue ta décision ? Elle étonne ? Elle dérange ? Elle enthousiasme ?

Le plus important, c'est ma famille. Silvia, ma femme, ne pose qu'une question, et elle est fondamentale :

—Si ta santé le permet, me dit-elle, vas-y !

Ma femme n'est pas ravie. Ce que nous venons de traverser ensemble est très dur. Mais comme elle le fait depuis 26 ans, elle me dit :

—Quel que soit ton choix, je te soutiens, je t'accompagne et je suis à tes côtés.

Les enfants sont plus enthousiastes. Bastien est, me semble-t-il, assez fier de son père.

Margaux, plus jeune, est simplement rassurée de me voir rentrer à la maison. Vivant. Et pétant le feu.

Quand le Professeur Collart m'affirme que je suis en pleine forme, et que la condition passe par une alimentation saine… Silvia allume le feu vert. Bastien aussi !

Mon fils montre une grande maturité :

—Si mon père est candidat, c'est qu'il est bien vivant. C'est qu'il est au top.

Voilà ce qu'il dit !

Et tes amis, que je sais nombreux et fidèles dans ton entourage ?

Les amis sont heureux. Souviens-toi, avec Marine Pustorino, on concocte en juin 2018 une affiche un peu kitsch, affiche sur laquelle nous sommes pris en photo devant le Palais Longchamp, elle en veste jaune canari et moi avec une veste beige. Mon idée est simple : semer quelque chose. Montrer que je suis de retour.

Et enfin, je réalise quelques interviews, pour La Provence, pour France Bleu Provence.

Beaucoup te pensent alors fini pour la politique, du moins hors course pour les grands batailles, et notamment les Municipales 2020.

On peut les comprendre, non ? Une greffe du cœur... Ce n'est pas courant, un candidat à l'élection de la deuxième ville de France transplanté cardiaque ! Une chose est certaine, je ne prendrais pas le risque de mettre ma santé en jeu si je n'avais été assuré par mes médecins que je pouvais mener ce combat politique.

Cette expérience ultime a changé beaucoup de choses en toi...

Je suis rentré depuis peu du centre de convalescence : j'ai beaucoup manqué à ma famille, les miens ont eu si peur de me perdre. La question s'est posée de ma mort, soyons honnête. La politique alors était un peu éloignée... Mais une chose indéfinissable s'est passée.

J'ai depuis une force vitale en moi, que je n'avais pas auparavant.

C'est à ce moment, fin Juin 2018, qu'un nouveau puzzle politique se met en place, avec toi au cœur, sans mauvais jeu de mots.

Si je dois résumer, c'est à ce moment-là que j'entre dans une espèce d'énergie futuriste.

Je suis avide de la vie, avide de projets, avide de tout ! Avec une joie que je n'imaginais pouvoir ressentir avant ! Alors, tu comprends bien qu'après tout ça, la greffe, la rééducation, l'envie si puissante... Si, à quelques mois de l'échéance de mars 2020, je dis à ma femme, à mes proches :

—J'arrête !

Je divorce et mes amis m'étranglent !

3- Pataquès local

18 **juin 2018 : tu es de retour. Pour comprendre le film, il nous faut absolument revenir une année en arrière : le déjeuner avec Gaudin. Que t'avait-il dit, promis, alors ?**

Le 30 juin 2017, je déjeune avec Gaudin. Chez Massimo, un restaurant italien sur les hauteurs du 4e arrondissement. Nous sommes quelques mois avant ma transplantation. Evidemment, nous l'ignorons. Lui est encore président de la Métropole. Il vient d'abandonner son poste de sénateur. Il sait qu'il ne sera jamais président du Sénat. Sans doute son plus grand regret. Peut-on vivre avec un regret aussi important, quand on n'a que la politique dans son existence ?

C'est un moment de la vie politique marseillaise où nous sommes tous quasiment certains que le maire ne se représentera pas.

Qui, pour lui succéder ? Du moins, qui pour se présenter ?

Mais justement, il y a du monde sur les rangs dans ta génération ou dans celle du Maire. Alors qui ?

Prenons-les un par un.

Guy Teissier ?

Il est de la génération du maire actuel et ce n'est juste pas possible pour Gaudin. C'est une vieille histoire entre eux deux.

Valérie Boyer ?

Quand le maire parle d'elle, il devient rouge. Non.

Martine Vassal ?

Le maire lui promet la Métropole. Donc, non. Il est clair, alors, sur cette question.

Nous y reviendrons si tu veux bien dans un chapitre à venir.

Bien sûr !

Yves Moraine, malgré sa lourde défaite dès le premier tour, en juin 2017, aux législatives ?

Lui, c'est l'enfant chéri. Mais Gaudin dit de lui qu'il n'est pas bon. Gagner dans les 6e et 8e arrondissements, sur du velours, c'est une chose. Mais faire campagne hors du fief de Gaudin, c'en est une autre. Et on l'a vu au moment de la campagne législative. Cela ne prend pas. Malgré toute l'aide que j'ai pu lui apporter, que Marine a pu lui apporter, que nos équipes ont pu lui apporter, ça ne fonctionne pas. Pire, ça ne passe pas avec la population. Pourtant, je l'emmène partout. Certains disent même en se moquant de lui qu'il se « brunogillise » ! Mais chasse le naturel, il revient au galop. Et la population le sent.

Alors Gaudin, et c'est là que tu vois qu'il peut être dur, me dit :

—Yves, je l'aime bien mais il n'est pas bon.

Donc, il ne reste que toi, puisque le lien entre Muselier et Gaudin est coupé.

Voilà ce que Gaudin m'affirme alors :

—Bruno, je te l'ai toujours dit : il faut un parlementaire à la tête de cette ville. Quelqu'un qui aime Marseille. Qui connaît bien cette ville. C'est toi.

D'une certaine manière, ce que j'entends, c'est ça :

—Finalement, le moins con, c'est toi ! Tu m'as jamais trop craché dessus. Tu es un canal historique du RPR, ça m'emmerde, mais bon. Allez, c'est toi, par dépit.

Evidemment, ce n'est pas dit ainsi mais je pense traduire, fidè-lement, sa pensée !

Puis il se rattrape et il m'affuble de toutes les qualités du monde.

—Toi, tu as gagné tous tes combats. Le petit Moraine, il parle bien mais … C'est un bon avocat. Mais qu'il n'y arrivera pas en politique.

Et c'est moi ! C'est moi qu'il choisit !

On imagine aisément la scène telle que tu la racontes. Et pourtant, on croit moyennement au dénouement.

Ta remarque est assez juste. Sans doute parce qu'à l'été 2017, je ne me projette pas dans le costume du maire. Non qu'il soit trop grand pour moi. Juste, ce n'est pas mon costume ! Je joue le rôle qu'on veut me faire jouer.

Pourtant, tes amis politiques font une sorte de mini-cam-pagne pour toi.

Oui. Et avec le recul, ça paraît incroyable, n'est-ce pas ? Quand on voit comment certains, certaines ont, depuis, retourné leur veste.

À l'époque, Yves Moraine et Laure-Agnès Caradec me montent des rendez-vous avec la terre entière ! On a bien dû voir pendant l'été une cinquantaine de conseillers municipaux. J'ai essayé de me mettre dans le costume de candidat, mais sans vraiment me projeter pour la suite. Inconsciemment, je me dis que je suis là par défaut. Nous sommes à l'été 2017. Dans les propos de Gaudin, c'est une passation de pouvoir avant la fin de son mandat, avant mars 2020 donc. Il me donne quelque chose. C'est louche ! Et ça ne me va pas. Ce n'est pas ainsi que je conçois le combat politique, ni la vie démocratique. Ce n'est pas un héritage. Je ne suis pas un héritier. Mais la petite musique de Gaudin s'installe quand même dans ma tête.

Et tu y crois ? Pour reprendre la célèbre phrase de Charles Pasqua, les promesses n'engagent que ceux qui les reçoivent…

Je me répète : la posture du Maire est celle d'une passation de pouvoir avant la fin de son mandat. En résumé, il dit ceci :

—Je laisse la Métropole à Martine (Vassal), dès la rentrée de septembre (2017) et la Ville est pour toi en fin d'année…

Je n'y crois pas. Et je ne veux pas de ce scénario. D'ailleurs, juste après le week-end, Claude Bertrand, le directeur de cabinet de Gaudin, me refroidit un peu.

—Le Maire a un peu exagéré sur le timing.

Tout ça, l'héritage, la passation de pouvoir sur un plateau, ce n'est pas ma conception de la démocratie.

Pourtant, le maire te confirme, fin juillet 2017, cette forme de passage de relais…

Selon un rituel bien établi, je vais le voir dans son bureau, avant de prendre un peu de congés, fin juillet. Où pour la énième fois, il ouvre un tiroir et en sort un livre sur l'histoire de Marseille à offrir à mon fils Bastien. Livre qu'il m'a déjà offert d'ailleurs avant chaque congé estival. Pour l'anecdote, à Noël, il m'offre toujours une boîte de chocolats !

Bon, c'est gentil (sourire).

Et il confirme le scénario présenté chez Massimo un mois plus tôt.

Gaudin va même plus loin…

Oui, il en parle à tout le monde à Paris, mes amis sénateurs me félicitent.

Aujourd'hui, le Maire dit que tu as balancé à la presse trois jours après votre déjeuner, soit début juillet. Ou pire, que tu as absolument tout inventé. Il le dit notamment dans le très bon documentaire de Gilles Rof, diffusé sur France 3, et intitulé « Gaudin, l'heure de l'inventaire ».

Ça m'a un peu agacé qu'il réécrive l'histoire ainsi. Je n'ai rien balancé à personne. Et La Provence en a fait sa Une le 7 septembre 2017. Il s'est donc passé deux mois entre le déjeuner avec le Maire et la Une de La Provence.

La rentrée 2017 confirme donc quand même ce scénario.

François Tonneau, de La Provence, a une indiscrétion. Qui ne vient pas de moi, je préfère le souligner. Il apprend que j'ai vu le maire en début d'été. Il apprend d'ailleurs que le maire a vu tout le monde, et que pour ma part j'ai fait le tour de tout le monde. François Tonneau sort son papier.

L'article est donc bien daté du 7 septembre 2017. Le titre, c'est : « Gaudin désigne ses successeurs », avec en surtitre, « Bruno Gilles à la mairie, Martine Vassal à la Métropole ».

Voilà, c'est ça.

Je sens qu'évoquer cet article te fait un peu bouillir.

Totalement.

(Il prend le journal, posé sur le meuble à côté de son bureau.)

Laisse-moi te lire quelques phrases :

—Après avoir informé Bruno Gilles que sa « fidélité » et sa « droiture », ainsi que ses statuts de sénateur et de président de la fédération départementale Les Républicains en faisaient son successeur naturel, Jean-Claude Gaudin a prévenu une partie des conseillers municipaux de la majorité.

—À Paris, où Gérard Larcher, le président du Sénat, taquine Bruno Gilles en l'appelant « monsieur le Maire », le bruit se répand également.

—Bruno a une solidité à toute épreuve et s'entend très bien avec Martine. Je ne pense pas que le Maire veuille laisser une terre brûlée en partant. Il veut au contraire réussir sa transmission. » Là, c'est Yves Moraine qui parle.

—Bruno Gilles a le profil et l'expérience, témoigne Laure-Agnès Caradec.

Elle ajoute même ceci :

—En faisant le choix de Bruno Gilles, le maire désigne quelqu'un qui a le souci du travail en équipe. Il l'a montré pendant la campagne des municipales en 2014, le montre à la fédération départementale. Il saura lancer des chantiers importants. Bruno Gilles n'avait rien demandé au maire, mais il a l'expérience et le profil pour conduire une équipe dans laquelle je prendrai toute ma part.

Et encore plus loin, Laure-Agnès conclut, à la question de François Tonneau

—« Tout le monde ne sera pas forcément d'accord à droite » :

—« Le maire n'a pas envie de laisser la ville à n'importe qui. Il doit envisager la suite. C'est une question de raison. C'est Bruno qui va prendre la main. Il devra rassembler. Il y aura de la place pour tout le monde. Sinon, on ira à notre perte ».

Cette information n'a jamais été confirmée ni contestée par le maire ?

Ni confirmée ni démentie. Quand Tonneau a appelé Gaudin avant la parution de son article, il est tombé sur Claude Bertrand, le directeur de cabinet de la Ville. Qui lui dit ceci, et à deux reprises :

—M. Tonneau, faites votre travail. Faites votre travail.

Ce qui, traduit dans le langage de Claude Bertrand, par :

—Nous ne démentirons pas. Écrivez !

Ce que tu racontes sur cet été 2017, ça fait quand même un peu tambouille politicienne. Et les gens ont horreur de ça…

C'est vrai, les gens n'aiment pas ça mais c'est aussi la politique. J'essaie d'être transparent. La politique, ça se passe aussi comme ça, dans les coulisses, derrière le rideau comme tu dis souvent. Et in fine, ça ne se passe jamais comme prévu !

Après, c'est l'histoire, telle qu'elle s'écrit. Je n'ai pas été adoubé par le Maire, j'ai subi une transplantation cardiaque, j'ai été trahi par quelques-uns de mes « amis » politiques. Des événements en cascade… Et ces mêmes amis politiques, dont certains sont cités plus avant, décident de soutenir Martine Vassal alors même qu'elle n'est pas encore déclarée. Un peu comme en 1994 quand certains lâchent Chirac pour soutenir Balladur, en suivant aveuglément la dictature de la pensée unique ou la tyrannie des sondages.

Ça t'a bien sûr affecté.

La politique n'excuse pas tout. Oui, j'ai été blessé par des trahisons. Pendant des années, tu travailles en équipe, tu gagnes et fais gagner les autres. Et on te lâche parce que des sirènes de pouvoir sonnent un peu fort. Elles sonnent aussi creux, ces sirènes.

Aujourd'hui, je suis libre. Heureux. Et ambitieux, non pour moi, mais pour ma ville. Pour les Marseillais. Personne ne me tient. Je travaille pour les Marseillais. Pas pour faciliter ou encourager la carrière de telle ou telle personnalité locale.

CHAPITRE 2

Puzzle marseillais

-1- Au tout début, une rencontre

Ton histoire, politique mais aussi personnelle, est intimement liée à celle d'un autre homme politique. Je veux parler bien sûr de Renaud Muselier. Entre vous, la relation a été fusionnelle, fraternelle.

Oui, Renaud, c'est comme un frère.

D'ailleurs, quand tu parles de lui, tu ne dis jamais Muselier. Toujours Renaud. Ça existe l'amitié, en politique, vraiment ?

C'est rare, mais pas qu'en politique, non ? Avec Renaud, c'est une histoire forte, qui a commencé presque par hasard. Nous sommes en 1985, je dois partir en bringue à Cassis. Un copain me dit :

—Passe au local de campagne, y'a le nouveau responsable des jeunes du RPR.

J'y vais. Je tombe sur Renaud. C'est lui, le tout nouveau responsable. On fait connaissance. Accoudés au comptoir, on parle ensemble une bonne partie de la soirée et même de la nuit. Il finit par me convaincre :

—Viens, on va s'éclater ensemble. On va faire plein de choses.

Et nous enclenchons le truc. Notre histoire fraternelle et politique.

Depuis vos premières campagnes, notamment contre le Front National en 1991 jusqu'aux Municipales de 2014 et même Régionales de décembre 2015, vous êtes passés par de grandes victoires et de lourdes désillusions. Si tu devais garder un souvenir avec lui, ce serait lequel ?

Incontestablement 2008. Les Municipales. Notre victoire.

Municipales remportées par Gaudin grâce à toi, baptisé « Le sauveur de la droite ». Et pourtant avec Renaud, la campagne n'a pas été si simple. Même si elle se termine bien pour vous deux.

Quelques mois auparavant, nous marchions sur l'eau. Sarkozy était président de la République depuis un an, nous avions remporté les Législatives dans la foulée. Nous tenions à l'époque pas mal de Régions, de Conseils généraux, le Sénat. Et franchement, à Marseille, la gestion municipale était encourageante. Nous venions d'inaugurer deux lignes de tramway, beaucoup de choses s'amélioraient à Marseille. Le chômage était en baisse. La ville avait une meilleure image aussi. Grâce notamment à l'arrivée du TGV, à la Coupe du Monde également qui a attiré beaucoup de monde…

De nombreuses familles s'installaient. Marseille était vraiment à la mode. Malgré quelques critiques, notre bilan était une réussite, urbanistique, mais aussi populaire. Nous partions plutôt confiants.

Trop confiants peut-être ?

Disons qu'on s'est un peu laissé endormir par la campagne, assez bonne et audacieuse d'ailleurs, de Jean-Noël Guérini, notre adversaire socialiste. Qui, avec son frère Alexandre, a mené une campagne ouverte, ambitieuse. L'attrait d'un semblant de nouveauté a peut-être séduit.

2008 fut pour la majorité municipale la plus dure des campagnes. La plus serrée. La plus incertaine.

C'est incontestable.

J'étais à l'époque journaliste à La Provence et je suivais la campagne. Je me souviens que ça patinait pas mal chez vous…

J'étais Maire des 4e et 5e arrondissements. Donc dans le secteur charnière. Celui qui faisait basculer la ville dans un camp ou dans un autre. Et je suis alors en désaccord avec Renaud quant à la constitution de la liste. Lui veut bâtir une liste qu'on pouvait qualifier d'ouverture. Je dirais une liste paillette. Bref, une liste qui ne me convient pas du tout.

Moi, je suis partisan de bâtir une liste de notables du secteur. On s'accroche pas mal sur le sujet. Il considère que c'est chez lui, que c'est son bastion, le 3e secteur. Sauf que c'est moi qui tiens le secteur, qui le gère au quotidien. C'est moi que les gens appellent pour des potelets, des gravats abandonnés, un problème dans une école ou un commerçant qui gueule. Je le connais par cœur, le secteur. Chaque centimètre carré. D'ailleurs, c'est toi qui l'a écris ainsi.

Oui, je m'en souviens. Ça m'avait pas mal impressionnée. La campagne municipale s'est sans doute jouée là-dessus : ta connaissance sans limite des problématiques du secteur.

Je pense, oui. Renaud marquait Gaudin à la culotte ! Moi, je marquais Renaud à la culotte ! Le démarrage de cette campagne était étrange. Je me souviens avoir tapé fort du poing sur la table pour construire une liste micro-locale. Avec la benjamine, Marine Pustorino. L'enfant du secteur. Je truffe donc la liste de gens du coin.

Reste qu'au milieu de l'hiver 2007-2008, Guérini fait une bonne campagne. Il faut le reconnaître.

Et les premiers sondages tombent. Ils ont le mérite de t'alerter sur une possible défaite.

Notamment ceux de France 3 et de LCM (La Chaîne Marseille, aujourd'hui disparue, NDR) qui sont mauvais pour nous. En début d'année 2008.

Et puis il y a celui de ton journal La Provence, mi-février de mémoire, où Gaudin et Guérini sont au coude à coude.

Je me souviens t'avoir eu au téléphone pour avoir ta réaction suite à la parution de ce sondage. Ta première réaction, ça a été ça : maintenant, y'en a marre ! Ils commencent à me casser les c… avec leur stratégie à deux balles. On va tout changer !

J'ai réuni tout le monde. Effectivement, j'ai gueulé. Je sentais qu'on risquait de perdre en continuant la même campagne. Une campagne un peu atone, passive, suiveuse. On n'arrivait pas à prendre la main. Et j'ordonne alors un changement total de stratégie et d'organisation.

J'organise différemment le terrain en exigeant que les candidats travaillent en binôme. On divise le secteur et chacun bosse son coin, par deux, et non plus en troupeau. En quelque sorte, on fait une campagne à l'ancienne. Du porte à porte dans les immeubles, les sorties d'écoles, les apéros à domicile.

En gros, on fait 12 journées en une. C'est dur pour certains. Mais nous n'avons plus le choix. Il reste peu de temps.

Tu sens alors que quelque chose est en train de basculer ?

Les premiers retours sont bons. En tous les cas bien meilleurs !

Moi, je vais partout. D'abord avec Renaud. Nous aussi en binôme. Honnêtement, nous faisons le job.

Tous les soirs, vers 20 heures, Claude Bertrand m'appelle pour rassurer le maire.

Progressivement, je vois le décalage entre nos militants et ceux de Guérini, qui commencent à perdre la foi. Ils sont dans une stratégie qui ne paie pas jusqu'au bout. Les mecs, sur ordre d'Alexandre Guérini, déboulent en car entier des quartiers Nord et se mettent à dix devant les commerçants. Qui ne peuvent plus bosser et qui les virent.

J'ai également le souvenir que progressivement, Renaud apparaît moins sur le terrain.

Ce n'est pas une sensation. La campagne dans notre secteur est très dure. On mise tout sur la proximité. Tout. Renaud doit coller à Gaudin. Il y a des moments, avec les frères Guérini en face, on est un peu dans un mauvais film. Et pour sauver Gaudin, on doit absolument envoyer 8 conseillers municipaux qui feront la différence le jour de l'élection du Maire. Le jour du 3e tour, comme on dit. Rappelons que l'élection du Maire de Marseille ne s'effectue pas au suffrage universel direct. Il est élu par les conseillers municipaux que chacune des mairies de secteur envoie en mairie centrale.

Car dans les 1er et 7e arrondissements, le premier secteur, Patrick Mennucci commence à faire la différence face au maire sortant Jean Roatta, notamment grâce à l'affaire des horodateurs.

On peut peut-être rappeler rapidement ce qu'était cette histoire d'horodateurs, pour ceux qui ont oublié.

Oui, revenons rapidement en 2005, à trois ans des municipales. La ville est alors tellement embouteillée que l'équipe municipale tente de mettre la pression sur les automobilistes… Et de réduire le nombre de voitures ventouses qui stationnent dans le quartier.

En expérimentant l'installation d'horodateurs dans le 7e arrondissement.

Et Patrick Mennuci, en fin politique qu'il est, s'empare de la grogne. Car cette histoire d'horodateurs est mal préparée.

Tous les jours pendant des semaines, des centaines de Marseillais descendent dans la rue.

Ils descendent le boulevard Charles Livon, qui part des Catalans et va vers le Vieux-Port.

Les gens gueulaient :

—Marseille n'est pas Saint-Tropez, c'est un nouvel impôt !

Il ne faut pas oublier que Marseille est une ville populaire.

Cette histoire explique sans doute en partie l'échec de Jean Roatta, le maire du 1er secteur aux municipales de 2008...

Mennucci l'a emporté d'un chouia. Et la mauvaise gestion, l'absence de concertation dans cette affaire-là a sûrement coûté cher. Et aurait même pu nous faire perdre la Ville.

C'est aussi une leçon politique pour toi ?

Bien sûr ! Nous en reparlerons, mais dans mon secteur, j'ai quand même eu les travaux de deux lignes de tramway et la construction d'une station de métro à la gare de la Blancarde. Les habitants ne m'ont pas sauté à la gorge. Ça a été pénible, long, des années de poussière et d'inconfort, mais on n'a pas eu de gens manifestant leur exaspération. Tu sais, être maire, de secteur ou de Marseille, c'est connaître le quotidien. C'est « pisser » sur chaque lampadaire pour savoir ce qu'il s'y passe. C'est savoir ce que les gens vivent vraiment. Pas suivre les yeux fermés ce que te rapportent des conseillers, qui, parfois, veulent juste te faire plaisir en témoignant que tout va bien. Être sur le terrain le plus possible, ça évite de faire des mécontents, et ça évite des déconvenues politiques.

Revenons à la campagne 2008 dans ton secteur.

Cette campagne, avec Renaud, on ne la vit pas vraiment ensemble, finalement. Gaudin effectue en fin de campagne deux grosses visites de quartier, une première sur la place Sébastopol et une deuxième aux Chutes-Lavie, dans le 4e.

Là, je peux te dire, sans en rajouter : 20 ans de travail de ma part sur le terrain, eh bien, tu cueilles les résultats. T'as plus qu'à te baisser. Tu récoltes cash.

Les gens te disent quoi ?

Merci pour les maisons de quartier, merci pour le tramway, merci pour le métro à la gare de la Blancarde, merci pour l'augmentation du nombre de places en crèches. Merci pour la proximité, l'écoute.

Je suis le maire d'un énorme village de 90 000 habitants, de près de 94 kilomètres de rues.

En résumé, ce que j'entends au fil de mes visites de campagne, c'est ça :

—Même si Guérini est sympa, même s'il est un bon président du Conseil général, Bruno Gilles c'est Bruno Gilles !

Et toi, tu dis quoi?

Moi je dis merci à Renaud (Muselier), car c'est lui qui a porté en mairie centrale les gros dossiers qui ont modifié la ville. Le tramway et le métro notamment.

Entre Jean-Noël Guérini et vous deux, il y a même un sacré duel, dans le 3e secteur. Puisqu'il s'est éloigné de son secteur, les 2e et 3e arrondissements, pour venir vous défier, toi et Renaud, sur votre terrain.

Oui. Côté brutalité, et j'en ai vue dans ma carrière politique, cette campagne est hors-catégorie. Les dépouillements sont tendus comme jamais. Bien que nous soyons parvenus à tomber d'accord avec Alexandre Guérini pour les encadrer afin d'éviter les embrouilles.

Je suis à la fois le directeur de campagne sur l'ensemble de la ville et sur le 4/5. Ça a été un boulot de fou. J'ai perdu 7 kgs dans cette campagne !

Ta plus belle victoire ?

Pour moi, c'est aussi la plus belle campagne avec l'élection de Chirac en 1995. Bien sûr parce qu'on finit par gagner contre Guérini. Et le souvenir du soir de la victoire reste l'un des plus beaux, des plus forts, non seulement de ma vie politique, mais de ma vie tout court.

Vous gagnez de quelques centaines de voix face à Guérini...

Le soir du 2e tour, on scrute chaque bureau de vote. Les derniers rentrent et ils sont bons. La chaîne M6 annonce notre victoire avant même que nous en soyons certains.

Et on gagne de moins de 1 000 voix.

C'est un moment historique.

C'est une victoire historique.

Je regarde tous les jours cette photo où je suis avec Renaud. Elle a été prise en haut des marches de l'Hôtel de ville, alors que nous tentons d'atteindre le bureau de Gaudin. Il y a un monde fou, nous sommes acclamés. J'entends :

—Bruno !

—Renaud !

Pendant ce moment, nous avons l'impression d'être des rock stars. Les gens scandent nos noms, nos prénoms. C'est un moment de gloire.

Et moi, comme un con, je porte un col roulé noir ! C'est mon seul regret ! Il fait 100 degrés dans l'ancienne salle du Conseil municipal!

(Rires).

Puis nous fendons la foule de l'ancien conseil municipal et on entre dans le bureau du Maire. Gaudin se lève. Il nous embrasse. C'est une vraie étreinte. Il sort le champagne.

Le boulet est passé vraiment près…

Nous sommes les sauveurs. Je peux te dire qu'avec Renaud, nous avons été vraiment considérés. Mais ça n'a pas duré. Hélas, tous ont vite oublié ce jour historique. Sans 2008, sans la victoire dans mon secteur, sans notre complémentarité avec Renaud, rien n'existerait aujourd'hui. Certains, certaines, n'auraient pas éclos. Moraine, Vassal, tant d'autres seraient restés dans l'anonymat. Oui, je peux le dire sans rougir, tous doivent beaucoup au maire, mais aussi à Renaud. Et à moi…

-2- Avril 2008, la pire des défaites

Avec Renaud, vous avez connu de grandes victoires. Mais aussi la pire des défaites.

Tu peux même parler d'un véritable fiasco avec la présidence de la Communauté urbaine.

Et des trahisons. Ça dit aussi beaucoup de choses de la vie politique ?

Oui, et c'est une véritable leçon que l'on devrait enseigner sur les bancs de Sciences Po. Un modèle du genre !

Comment expliques-tu, d'un point de vue politique, cette défaite surprise ?

Quand j'y repense, je ne peux pas m'empêcher de m'en vouloir.

Mais ce n'était pas toi, le candidat !

Laisse-moi t'expliquer. Après les municipales de 2008, je devais changer mon pacemaker. Rien de grave, il y en avait pour 3 ou 4 jours. Quand je reviens de cette parenthèse très brève, je constate quelques erreurs dans la campagne de Renaud. Mais rien ne peut justifier les trahisons qui ont suivies.

Et arrive le Jeudi noir. Si tu me permets cette petite anecdote, je me souviens que nous avions écrit, avec mon confrère et binôme Laurent Léonard, de La Provence, le vendredi précédent le vote, qu'il y avait danger pour Renaud. Danger que quelques-uns trahissent. C'est donc que certains dans ton camp, ou plutôt dans le camp de Renaud, ou Renaud lui-même, n'ont pas voulu voir que quelque chose se tramait…

Ce fameux jeudi noir… Je ne sais si le scénario était écrit d'avance. Disons qu'il y avait les prémices et qu'il fallait savoir les déchiffrer. Souviens-toi, on sort de la victoire totalement dingue des Municipales. Renaud et moi, acclamés en héros. Et moins d'un mois après, tout s'effondre pour lui. C'est aussi ça, la politique. Tu es en haut et le coup d'après, tu dégringoles. Parce que tu as relâché ta vigilance. Parce que tu es mal préparé.

Parce que c'est mal ficelé. Parce que dans ton camp, on veut aussi te donner une leçon. Bref, les raisons ne manquent pas ! Et mises bout à bout, l'addition est amère.

C'est-à-dire ? Qui voulait donner une leçon ?

L'élection était à deux tours. Disons que dans « l'entourage » du Maire, on voulait imposer un peu de suspense… Donner à Renaud quelques frissons. Sauf que le résultat a dépassé leurs espérances !

Je me souviens, tu étais assis dans l'hémicycle juste à côté de Gaudin.

Tu sais, j'ai compris que quelque chose se tramait quand je suis entré dans l'hémicycle et que j'ai vu un isoloir. Personne ne sait qui a demandé l'isoloir. C'est un peu comme dans le Cluedo. Tu as finalement les noms, l'objet et le lieu du crime !

Et le vote arrive, avec de dépouillement digne d'un thriller.

Ce dépouillement… Nous avions 18 élus en plus que le camp socialiste d'Eugène Caselli. 18 ! Des gens de chez nous n'ont pas voté blanc ou nul. Ils ont voté Caselli ! Du jamais vu. De la trahison de haut vol, mais bien à l'abri de l'isoloir… Là où les lâches se découvrent soudainement un brin d'audace.

Je suis assis entre Gaudin et Renaud.

Et la petite musique qu'on entend n'est pas bonne.

Caselli

Caselli

Caselli

Muselier

Caselli

Caselli

Muselier.

Moi je décompte les votes par le système des carrés. Et je commence sérieusement à transpirer.

La dernière voix est pour Caselli. Il y a un silence de mort. Personne, ni chez nous ni à gauche, ne réalise.

Moi je gueule à Boyer, qui organisait le dépouillement :

—Recompte, mais recompte !

Je vois Gaudin rouge sang. J'ai cru qu'il allait faire une attaque. Je ne l'ai jamais vu comme ça. Il est totalement ébahi. Et je suis certain qu'il ne faisait pas semblant.

Caselli est élu avec nos voix ! Une voix de trop…

Dans l'histoire politique locale, c'est l'une des plus grandes trahisons qui soit, n'est-ce pas ?

Pour Renaud, c'est une plaie qui ne s'est jamais vraiment refermée. C'est le début de son chemin de croix. C'est vraiment une méchante cicatrice. Et ça ne peut pas s'oublier. Dans notre famille politique, il y a bien sûr eu la trahison de Balladur à l'égard de Chirac en 1995. Ce qu'a subi Renaud est indélébile.

Et la rupture entre Muselier et Gaudin vient de ce funeste Jeudi noir ?

Oui, elle vient de là. C'est incontestable.

Et quelle leçon tires-tu de ces trahisons ?

Pour moi, la leçon de cet événement, c'est que jamais rien n'est acquis. Jamais. Il ne faut jamais baisser la garde. J'y pense tous les jours. Et plus encore pendant cette campagne actuelle pour 2020…

Mais je veux être très très clair sur deux choses : tout d'abord, il y a des lignes, rouges, blanches, jaunes, appelle ça comme tu veux, qu'on ne franchit jamais, c'est celles des extrêmes. On ne s'allie pas avec le Rassemblement national pour gagner un scrutin. Jamais. Enfin, il y a des attitudes que l'on n'adopte pas, même par ambition. On ne trahit pas sa parole. Jamais. On ne trahit pas sa famille politique. Ses engagements.

Voilà, pour moi, très clairement, la politique ne peut pas tout autoriser : on ne va pas, on ne deale pas avec les extrêmes, et on ne trahit pas son camp politique. Ni ses amis politiques.

-3- 2012, Renaud s'en va

En 2012, Marie-Arlette Carlotti bat Renaud dans la 5e circonscription. Juste après la victoire de Hollande à la Présidentielle face à Sarkozy. On est en plein dans la théorie des courants chère à Gaudin... Renaud est emporté par le courant. Balayé.

Le lendemain de la défaite, il est à Paris. Il rencontre tous les pontes du parti. Et il leur dit, après avoir pris sa décision, dans la nuit je pense :

—Je donne tout à Bruno. La Fédé (Fédération UMP des Bouches-du-Rhône, NDR) et la présidence du groupe à la CUM (Communauté urbaine Marseille Provence, NDR).

Il est fatigué. Il a perdu en 2008 la présidence de la Communauté urbaine dans les conditions que l'on connaît, puis il s'en prend à Guérini et à Caselli, notamment avec l'épisode du livre Gomorra jeté à ce dernier en pleine séance. Une scène digne d'une série. Enfin, cette défaite face à Carlotti. À tout cela des problèmes personnels. Ça fait beaucoup. Il en a marre.

Que te dit-il quand tu le vois ?

On se parle le mardi. Il m'annonce qu'il quitte la vie politique. Il a un métier, sa clinique, une famille. Il a une façon de me le dire qui va t'évoquer un souvenir. À la Renaud, quoi !

Lequel ?

Il est assis dans son fauteuil, il se retourne et me montre un article de journal. Signé par toi et qui date de la campagne municipale de 2008, dans lequel tu décris une visite de quartier. Aux Cinq-Avenues. Et tu racontes ce que disent les gens, alors que je suis un peu en retard.

—Il est où Bruno, il est où Bruno ?

Cet article, il l'a gardé dans son bureau. Il ajoute :

—Bruno, cet article m'a fait du mal. Mais ça signifie aussi une chose : les gens te veulent, toi.

Il y a aussi cet article, excellent, de Marjorie Chouraqui, dans La Provence, titré: « Un duo de légendes ».

Oui. Elle raconte avec une belle sensibilité notre amitié. Tu as l'article ?

Oui, en voici un extrait :

—Bruno Gilles, 51 ans, "éternel second et fier de l'être", va pour la première fois devoir faire sans le premier. Il prend la succession de Renaud Muselier en tant que secrétaire départemental de la fédération UMP des Bouches-du-Rhône. Une prise de fonction qui devrait être validée demain en bureau politique à Paris. Depuis 1985, les deux hommes étaient devenus inséparables. Bruno Gilles, aujourd'hui Sénateur et Maire de secteur, ex-député, ayant toujours effectué son parcours politique dans le sillage de Renaud Muselier. Un tandem qu'il revendiquait ainsi. Un duo devenu une légende politique à Marseille.

Mais Renaud est revenu en politique, d'abord comme Député européen, puis comme président de Région.

Oui, et en tant que président de Région, il est vraiment bon. Il a beaucoup d'ambition pour le Sud. Aujourd'hui, c'est moi qui suis candidat pour être Maire. Je n'oublie rien de notre grande affection, mais les temps ont changé. Il est parvenu à faire son deuil du fauteuil de Maire de Marseille. Je sais que ça a été pour lui à la fois complexe et douloureux. Il avait un vrai dessein pour Marseille. Il a fait beaucoup pour notre ville. Et c'est ensemble que nous allons continuer, lui à la Région, moi à la Marie, de faire œuvre utile pour la population. Pour Marseille.

Chapitre 3

Place des (grands) hommes politiques

-1- Chirac est mort, vive Chirac !

Nous avions parlé de Chirac durant l'été. Et puis il est mort, le 26 septembre dernier. La veille de ton meeting des soutiens, le meeting du lancement public et populaire de ta campagne.

Ça m'a fait un choc : Chirac est mort. Mon « président » est mort. J'ai eu du mal à réaliser, même si la nouvelle était redoutée. On le savait très malade. Il ne voyait plus grand-monde. J'ai eu de la peine. On peut le dire comme ça : c'est à la fois la fin d'une époque et une partie de ta jeunesse qui s'en va un peu avec lui.

Des journalistes ont même écrit : avec la disparition de Jacques Chirac : c'est le 20e siècle que les Français referment.

C'est assez juste.

Quand tu apprends sa mort, tu travailles dans ton bureau avec quelques proches. Nous sommes à une journée de ton meeting.

C'est ça. On bosse. Je reçois un sms d'un proche du président Chirac. Je l'avoue, j'ai dû changer de tête. Comme si ça n'était pas possible. Et moins d'une minute après, j'ai l'alerte info qui tombe : Jacques Chirac est mort.

Beaucoup de choses se mélangent alors dans mon esprit. Merde, Chirac est mort. Merde, comment on fait pour le meeting ? Ça peut sembler indécent, dit comme ça, mais quand tu fais de la politique, quand tu es aux responsabilités, tu te dois de poser toutes les questions. De te poser toutes les questions. De t'interroger sur l'impact que tes actes, tes choix peuvent avoir, auront sur la population. Et même si ça n'est pas comparable, je n'ai pas envie d'être épinglé par la jurisprudence « soirée chocolat ».

Tu fais référence au lendemain du drame de la rue d'Aubagne ?

Oui. Et à la connerie de la soirée chocolat à Bagatelle, la mairie des 6e et 8e arrondissements. Yves Moraine s'est excusé depuis, mais c'est marqué au fer rouge. Deux immeubles effondrés, des corps qu'on recherche, et des élus qui festoient pour une soirée chocolat. À quelques centaines de mètres à vol d'oiseau du lieu du drame. C'est pas possible, quand tu fais de la politique, de faire une connerie pareille.

Donc, tu t'interroges avec ton équipe, pour savoir si tu maintiens ou pas ton meeting. Et si oui, sous quelle forme ?

Mes plus proches collaborateurs, Marine Pustorino, ma femme : les avis divergent au début mais très vite, nous arrivons à la conclusion qu'il faut maintenir. Ma première réaction, c'est l'annulation pure et simple. Mais rapidement je me raisonne. Je ne peux pas annuler. Pour une raison simple : plus de 2 000 personnes sont inscrites pour le lendemain soir. Deux mille personnes ! Et pas des obligés ! Juste des personnes, de tout Marseille, qui me soutiennent. On décide donc de maintenir, mais en modifiant totalement ce qui était prévu. Pas de musique, pas de fête, pas de drapeaux. Et je dis à mon équipe : tout ce sur quoi vous avez travaillé, ça servira, pas d'inquiétude ! Tout le monde est à fond. Je le dis en passant, mais ça fait beaucoup, d'avoir une équipe saine, enthousiaste, avec le vrai goût du collectif, sans ego débordant.

Du coup, ton meeting se transforme en réunion d'hommage à Jacques Chirac…

Nous avions déjà prévu une forme d'hommage, en référence à 1995. Je reçois d'ailleurs un coup de fil de Renaud (Muselier) qui me dit:

—Fonce ! Rends hommage à Chirac et fais ton meeting ! Pense à lui : jamais il n'aurait annulé ni abandonné quoi que ce soit !

C'était aussi un hommage à la campagne dans la campagne, celle de Chirac face à Balladur.

Oui, moi aussi j'ai une campagne dans la campagne, avec Martine Vassal !

Et tu avais prévu quoi, pour ton meeting ?

De distribuer des pommes aux personnes présentes !

« Mangez des pommes ! » Le fameux slogan de Chirac en 1995 !

Je voulais subtilement (Rires) rappeler la trahison de Balladur à l'encontre de Chirac. Et la remontada du même Chirac. Le parallèle est évident avec Vassal, non ? Tu sais, quand tu es au RPR en 1994 - 1995, cette campagne a le goût intense de la victoire mais aussi le goût amer de la trahison.

Et dans le même temps, je voulais aussi expliquer ma volonté d'imposer du bio dans nos écoles, pour que les petits Marseillais mangent sainement.

Plus largement, avec Renaud (Muselier) qui s'est joint à toi, le meeting a été un bel hommage au président défunt, mais aussi une démonstration de force.

Les gens sont venus de tout Marseille. Plus de 2 000 personnes présentes quand même. Et je ne veux pas tomber dans le populisme, mais c'étaient des vrais Marseillais. Je le répète : sont venus des militants, des sympathisants, des curieux. Des gens du peuple, dans toute sa diversité. Des chefs d'entreprise, des artistes, des commerçants, des retraités, des sportifs, des fonctionnaires, des artisans, des familles. L'énergie était bonne.

Un journaliste m'a quand même posé cette question : y a-t-il beaucoup d'agents de la mairie de secteur ?

Ah c'est marrant comme question ! Et tu lui as répondu quoi ?

Qu'il y en avait quelques-uns bien sûr, mais qu'ils ne sont pas venus sous la menace !

Certains travaillent avec moi depuis si longtemps. Et Marine (Pustorino) est une excellente Maire de secteur. Loyale. Talentueuse. Dynamique. Et particulièrement concentrée sur les questions environnementales. Je sais qu'elle a même répondu, à la fin de ce rassemblement, à un journaliste de Marsactu:

—Bruno Gilles ? Pour moi, c'est à la vie à la mort !

Elle l'a d'ailleurs prouvé par la suite en démissionnant en même temps que moi, en décembre dernier, de notre parti Les Républicains et de sa vice-présidence du Conseil départemental des Bouches-du-Rhône.

Dans ton discours, ce soir-là, tu expliques qui était Chirac pour toi. Plus qu'un modèle. Je n'irais pas jusqu'à dire un père, parce qu'il me semble que ce serait en rajouter. Mais un modèle, certainement.

Chirac m'a toujours inspiré. Dans mon discours, effectivement, je lui ai rendu hommage ainsi :

—*« Ne jamais abandonner. Ne jamais perdre de vue que nous, femmes et hommes politiques, ne sommes pas là pour notre carrière. Pour additionner les mandats. Par goût du pouvoir. Non, nous faisons de la politique pour vous, pour des idéaux aussi.*

Mon Chirac m'a appris à ne jamais abandonner. Jacques Chirac me l'a appris, me l'a répété à de nombreuses reprises : ce qui importe le plus, finalement, c'est rester simple, c'est conserver cette proximité, c'est prendre du plaisir à vous écouter, c'est rester humain, profondément humain.

C'est aussi, parfois, agir et travailler loin des caméras, loin des projecteurs. »

Et tu as aussi établi ce parallèle en expliquant, un peu finalement comme un sportif de haut niveau, mais la politique n'est-elle pas un sport de haut niveau, que c'est celui qui a le plus envie, le plus la niaque, qui gagne…

Je suis convaincu que ce qui fait la différence a quelque chose d'inconscient : quand une élection est le combat de ta vie, tu la gagnes. Tu mets tout en oeuvre pour y parvenir, tu fais les bons choix, tes planètes s'alignent.

Cette élection, en 1995, c'était le combat de sa vie.

Rien ni personne n'aurait pu l'arrêter.

Eh bien, je le dis avec beaucoup de calme, cette élection de mars 2020, c'est le combat de ma vie. Rien ni personne ne m'arrêtera.

Et on saura dans quelques semaines si, comme Chirac, tu la remportes.

Ça n'est pas toi, CFK, qui me parle tout le temps de l'intention ? Eh bien, j'ai l'intention de gagner et de faire que Marseille change, évolue.

-2- Aux côtés des plus grands

Avant de parler de l'avenir, de demain, revenons un peu sur tes débuts, si tu veux bien.

Avec plaisir. Le temps a filé, tu sais. Je viens de fêter mes 59 ans. Mais j'ai des souvenirs très présents. Très frais !

Alors, commençons par tes débuts.

Ma première carte, au RPR, date de 1979. C'étaient les grandes années de la politique. Je dirais, à l'ancienne. J'ai été dans tous les coups alors ! Et crois-moi, c'est très formateur pour aborder une campagne municipale !

Tu es ce qu'on a appelé un bébé-RPR ou plutôt un bébé-Chirac. C'était quoi, le RPR ?

Je suis un bébé-Chirac. Je suis en fait entré en politique en 1976, alors que j'étais lycéen. C'était une toute autre époque, c'est important de le rappeler. C'est une époque où dans les cours de lycée, c'était chaud bouillant. T'avais les mecs d'extrême-droite, ceux de la LCR (Ligue communiste révolutionnaire). Ils se tapaient tous dessus.

Moi, je suis tombé en adoration pour ce grand mec à lunettes. C'était au moment de la création du RPR. Très exactement le 5 décembre 1976. J'allais avoir 16 ans. En meeting, Chirac arrive les bras en V, conquérant. Un choc. J'ai même encore sur mon bureau la boîte d'allumettes de ce jour-là, de ce premier meeting auquel j'assiste à Paris.

(Il me la montre).

Il y a sa tête, le bonnet phrygien dessus ! Il n'y avait pas encore de pin's ! Ça fait un peu dinosaure, non ?

C'est quoi, être au RPR dans ces années-là ?

Le RPR, c'était le culte du chef. Tu es un serviteur dévoué jusqu'à la mort, pour le chef. Ton job, c'est amener celui que tu vas servir au sommet de l'État. Entre 1979 et la victoire de Chirac en 1995, il y a eu 16 longues années, avec la défaite historique de 1981, et celle, dramatique pour nous, de 1988. Une branlée phénoménale. Tout le monde savait que face à Mitterrand et deux années de cohabitation, on allait dans le mur. Tout le monde, sauf les militants ! Le RPR, c'est ça : tu peux t'entretuer mais tu chasses en meute ! Et tu retournes toujours dans ta famille.

C'est Charles Pasqua qui a sorti cette phrase incroyable : « Le RPR n'est pas le PS ; la branlette intellectuelle, ça ne marche pas ! »

Géniale, comme formule !

Tu as la chance de côtoyer et de travailler avec des monstres de la politique française.

En tant que jeune RPR, j'organise avec Renaud en 1987 les Universités d'été des jeunes RPR à Arles : quand tu es jeune militant et fou de politique, tu as cette chance d'apprendre la politique aux côtés des plus grands. Chirac, Pasqua, Seguin, MAM (Michèle Alliot-Marie). Tous très détendus, réceptifs dans ces moments-là. Tu gagnes alors des années d'expérience en quelques jours. Tu les observes, tu parles avec eux, tu leur poses des questions. Tu retiens tout. Ils sont des modèles.

Alors, Chirac, raconte un peu… Tu dois avoir des tonnes de souvenirs avec lui…

En 1993, il est patron du RPR et maire de Paris. Et il s'emmerde. Il fait un tour de France pour préparer les élections législatives. Il passe par Marseille. Il rend visite à Claude Labbé, un

Gaulliste de la première heure, ancien résistant. Il est à l'hôpital Ambroise Paré. Claude Labbé est au plus mal. Chirac reste un long moment auprès de lui.

En partant de l'hôpital, il veut acheter des clopes. On arrête la voiture dans un petit bar-tabac, à deux pas du boulevard Baille. Il rentre avec son officier de sécurité. Et avec Renaud, on attend, on attend. Pas de Chirac. On ne le voit pas revenir. Je sors de la voiture, je rentre dans le café et je vois Chirac attablé au comptoir en train de fumer et de boire des bières, en grande conversation ! Il était comme ça, Chirac ! Naturel. Proche des gens.

Une façon bien à lui de faire de la politique, dont tu t'es inspiré ?

En politique, on ne peut pas forcer sa nature. Ça ne marche pas. Les gens le sentent. Chirac aimait serrer des mains. Souviens-toi de ses visites au Salon de l'agriculture, comme il y était heureux de tâter le cul des vaches et de boire des coups. Et prends Balladur, dans le métro : on voyait bien que ce n'était pas son milieu naturel. Je reviens encore sur Balladur ! Ça n'est pas obsessionnel, mais c'est révélateur de ce qu'il ne faut pas faire avec les Français.

Avec les Français… Mais aussi avec les Marseillais !

Tout à fait ! Dire, « J'aime les gens », ça ne suffit pas, en politique. Le contact humain, c'est particulier. C'est presque animal. Et Chirac avait ça en lui. Oui, il m'a inspiré, il m'a énormément appris. Mon expérience de maire de secteur a fait le reste. Côté contact humain, je ne dis pas que je dépasse le maître, mais je m'en suis pas mal approché !

Tu as partagé des moments privilégiés avec lui.

J'ai eu la chance de participer à son anniversaire des 60 ans à la brasserie le New-York, à Marseille sur le Vieux-Port. Un grand souvenir dans l'intimité de Chirac. Avec sa femme, sa fille, ses amis très proches.

Ou comme cet autre soir : Chirac, quand il venait à Marseille, dormait toujours au Sofitel Vieux-Port. Quand on le raccompagnait, il nous offrait toujours un verre avant d'aller se coucher.

Ce soir-là, il est avec sa fille Claude, quelques collaborateurs, Renaud et moi. Il est à l'accueil de l'hôtel, et le téléphone fixe sonne. Il décroche et entend :

— Bonjour, je voudrais des serviettes de toilette.

Il répond à cette inconnue :

— Bonjour, c'est Jacques Chirac. C'est moi qui vais vous les monter !

Il l'a fait, accompagné de quelqu'un de l'hôtel bien évidemment. La femme n'en revenait pas quand elle a ouvert sa porte et reconnu Chirac !

Voilà, Chirac, c'est ça : un animal politique, et un type formidable. Très humain, secret. Mais chaleureux. J'invite d'ailleurs celles et ceux qui voudraient en savoir un peu plus sur lui à regarder le formidable documentaire qu'a réalisé son ami Jean-Louis Debré. « Mon Chirac », ça s'appelle. C'est magnifique. C'est tendre.

Chirac était capable d'attentions personnelles...

Chirac venait régulièrement à Marseille. Après chaque passage, j'ai toujours reçu un petit mot de remerciement.

— *« Mon cher Bruno »*, écrit de sa grosse écriture.

Et j'ai trouvé un message vocal de sa part pour la naissance de Margaux. C'est drôle, parce qu'il ne savait pas vraiment quoi dire. Il m'avait laissé un très long message dans lequel il répétait la même chose :

— Bruno, c'est Jacques Chirac. Je voulais souhaiter la bienvenue à la petite Margaux !

(Il l'imite).

J'ai dû l'écouter plus de 200 fois.

Quand Margaux a été en âge de comprendre, on lui a raconté qu'un Président de la République avait téléphoné pour sa naissance !

Tu as appris aux côtés de Chirac, mais il y a également un autre homme politique qui t'a inspiré. Je pense à Philippe Seguin ; il est peut-être l'un des hommes politiques les plus dignes que la France ait connu. Pour toi, il est et reste un modèle.

Oui, je me définis comme Seguiniste en plus d'être Chiraquien. J'ai toujours été impressionné par l'homme, l'intellectuel. Un grand intellectuel. Un homme d'une douceur incomparable mais capable des plus grandes colères. Et un orateur exceptionnel. Souvenons-nous qu'au moment du traité de Maastricht et du référendum, il a tenu 3 heures au perchoir de l'Assemblée nationale sans aucune note ! Incroyable ! Qui est capable de faire ça ? Qui peut tenir en haleine un auditoire sur l'Europe pendant trois heures ?

On se souvient aussi de son débat face à François Mitterrand au moment de ce même traité de Maastricht. Il règne entre les deux hommes une rare courtoisie en politique et le débat est exceptionnel de clarté, de hauteur intellectuelle, de références historiques et politiques. Et finalement de respect pour le peuple français.

Pourquoi as-tu tant admiré l'homme ?

Parfois, les accroches se font sur des choses étranges, qui nous échappent même. A l'époque, j'étais fumeur. Lui aussi. Il fumait des Gitanes sans filtre. Comme Chirac d'ailleurs, avant qu'il ne passe aux Malboro. Eh bien pour moi, dans mon inconscient, c'était lié à quelque chose de puissant, de viril. Je me souviens de ces salles de réunion recouvertes d'un épais nuage sombre, qui puait aussi ! Mais c'était une autre époque. C'était Seguin. Quelque chose du héros un peu ombrageux mais chaleureux. Seguin incarnait le gaullisme social. Je l'ai suivi en 1992, contre le traité de Maastricht d'ailleurs.

Tu as aussi travaillé avec Charles Pasqua.

Pasqua est alors au sommet. Et qu'on aime ou pas le bonhomme, c'est un monument. En 1992, quand j'ouvre ma première permanence rue Granoux, dans le 4e arrondissement, il vient. Il est très populaire au RPR. Il entre et aperçoit une grande affiche sur laquelle il présentait son livre contre Maastricht. On était quelques temps avant le référendum.

— Oh mais c'est mon musée ici, dit-il avec son accent inimitable. Mais je suis pas encore mort !

Tu as également côtoyé et apprécié Alain Juppé, notamment au moment de sa période creuse.

Oui, nous sommes au moment des affaires qui ont empoisonné le RPR, autour de la Mairie de Paris. Juppé revient du Canada où il s'est mis en retrait de la vie politique et de la France pour enseigner. Se refaire une santé. Réfléchir. Vivre, tout simplement. Il écrit alors un livre de confidences. Il passe par Marseille. Je lui organise une conférence à la librairie la Touriale, la librairie de Serge Botey. Il n'y a pas foule. Pas plus qu'à la fédération le soir. J'ai alors beaucoup parlé avec lui et avec sa femme Isabelle. Juppé est aussi chaleureux et amical dans l'intimité qu'il peut être froid et distant publiquement. J'ai de l'amitié, du respect pour lui.

On apprend toujours des grands ?

Oui, toujours. C'est une chance et un privilège que j'ai eus. Côtoyer ces grands, travailler à leurs côtés, les observer : rien de tel pour progresser. Ils avaient tous le sens de l'intérêt général tout en étant de très grands stratèges. Je leur rends hommage à tous.

-3- 1995, Mangez des pommes !

Pour un élu et un militant du RPR, l'élection présidentielle de 1995 a un goût spécial. On l'a dit précédemment : le goût de la victoire mais aussi celui de la trahison.

Avant la victoire il y a eu le poignard dans le dos. Chirac - Balladur, l'histoire a été racontée des centaines de fois. Balladur est alors Premier ministre, Chirac Maire de Paris et ancien candidat à la Présidentielle en 1988. Il se prépare à cette bataille pour 1995. Et Balladur se lance, trahissant le pacte passé entre les deux hommes. Les promesses n'engagent que ceux qui les reçoivent, disait Pasqua. La formule fait souvent mouche !

Les Guignols de l'Info sur Canal + parodient cette période.

Oui, avec des formules restées célèbres : « Un ami de trente ans », notamment. Et ces images de poignards dans le dos de Chirac. Il est au plus bas dans les sondages en 1994, Balladur est élu avant même que la campagne n'ait commencé. Il est le candidat choisi par les médias nationaux, par les élites en quelque sorte. Et Chirac a deux coups de génie : la fracture sociale et le fameux « Mangez des pommes ».

Tu es son directeur de campagne pour les Bouches-du-Rhône. Un peu désespéré quand même, au début de la campagne...

Il faut rappeler qu'à l'époque, le RPR ne dirige aucune collectivité dans les Bouches-du-Rhône. Il n'y a donc rien d'alimentaire à gagner pour les militants et les sympathisants. Souvenons-nous que Balladur est candidat mais que 95% du RPR est avec Chirac. Je suis directeur de sa campagne, d'abord à Marseille puis sur l'ensemble du département, avec Léon Vachet, élu RPR du Nord du département. Je gère la coordination générale du Sud. Désespéré, non, mais pas folichon quand même. Chirac vient régulièrement dans le Sud. Il écoute beaucoup.

Il prend le temps, peut-être aussi parce qu'il en a !

Il aime parler avec les gens. Ainsi, avec Patrick Padovani (aujourd'hui adjoint municipal en charge de la Santé et proche de Bruno Gilles, NDR), nous organisons à Marseille une rencontre avec des médecins et des associations sur la problématique du Sida et de la toxicomanie. On gère ça à l'hôtel des Balladins, derrière le boulevard Rabatau, dans le 8e arrondissement. Une petite salle, un peu grise, plutôt triste même, avec les néons qui te donnent le teint blafard. Bref, on est loin des Palais de la République !

Chirac veut comprendre ; il va rester 3 heures à écouter ces spécialistes, leur poser des questions. Un moment incroyable, presque parallèle. Hors du temps, en fait.

Oui, il a pris le temps, il s'est imprégné de la France, des problématiques. Sans que ça se voit. Sans que les journalistes soient vraiment au courant. Sans qu'ils s'y intéressent d'ailleurs. C'est aussi pour ça qu'il a gagné. Il a écouté. Il a entendu. Il a compris beaucoup de choses des Français et de la France, dans sa diversité. Et je m'en inspire.

L'élection a lieu en juin 1995. Et en février de cette même année est organisé un des plus grands meetings de la campagne de Chirac. Un moment historique à Marseille.

Chirac est au plus bas dans les sondages, quelque chose comme 11%. Balladur plane. Le choix du Dôme à Marseille n'était pas évident. Avec notamment Claude Chirac, nous avons cherché une salle dans le département. On en a fait le tour, à en pleurer ou à en rire. Des salles sordides. On cherche petit. On pense alors qu'on n'arrivera peut-être pas à remplir le Dôme.

On visite même des salles de mariage au fin fond des Bouches-du-Rhône, dans lesquelles il y a encore des guirlandes de la fête de mariage du week-end précédent. Imagine Chirac dans ce genre de salles ! Je me souviens qu'avec Claude, nous nous sommes perdus dans la campagne. Sans GPS, c'était moins facile. On finit au bord d'un champ, limite dans le fossé tellement on riait de cette situation.

Avec nous, Daniel Leconte et Michel Baloche, des proches collaborateurs du clan Chirac, sont saisis du même fou rire nerveux. On se décide à revisiter le Dôme, que l'on réserve en configuration petite, avec les rideaux noirs tirés jusqu'au sol. 2 000 personnes attendues. Maximum.

Et comme dit la formule, rien ne se passe comme prévu…

Mais c'est vrai ! Rien ne se passe jamais comme prévu !

C'est là que tout bascule pour Chirac…

Oui! Quel souvenir ! Les cars arrivent de tout le département, et sans doute de plus loin. Dehors, des pommes sont distribuées et elles partent comme des petits pains, si je puis dire. Là, on comprend qu'il se passe quelque chose. On manque de pommes, les gens affluent. Nos talkies walkies chauffent. Je me dispute même avec Eric Woerth, trésorier de la campagne, au sujet de tee-shirts. Bref, la mayonnaise prend !

Avec Claude Chirac, on comprend que ça frémit, et même davantage. On est sur scène, à une heure du meeting. On regarde entre les rideaux et on comprend qu'il faut tout ouvrir. On demande à enlever les immenses voilages posés sur les deux côtés de la salle et on voit les gens courir pour trouver des places assises. On fait 8 000 personnes à l'intérieur. 8 000 personnes ! Beaucoup ne peuvent pas entrer et restent sur le parvis.

Marseille porte chance à Chirac !

Dans les semaines qui suivent ce premier grand meeting, les courbes des sondages se croisent et Chirac passe devant Balladur. Oui, Marseille porte chance !

Chirac gagnera.

La petite musique qui s'installe alors, c'est celle-ci : les Marseillais sont bons. Les mecs de Paris ne descendent pas à Marseille pour prendre le soleil ou faire des footings sur la Corniche. Ils viennent ici parce qu'on sait faire. Nous sommes au summum en matière d'organisation.

J'ai quand même été 21 fois directeur de campagne ! Je sais faire. Je peux même avouer que je suis gravement atteint de détaillite aigüe !

Chirac président : l'aboutissement pour toi...

Devant ma télévision, je le vois, sur les Champs-Elysées. Il est Président de la République. Il a battu au second tour Lionel Jospin. Je n'en reviens pas. Je réalise que je fréquente, que je connais, que j'apprécie, que je sers quelqu'un de grand.

7 mai 1995 : Chirac a gagné et battu Lionel Jospin.

On peut le dire ainsi, avec une courte anecdote : le 8 mai, le lendemain de sa victoire, Chirac est sur les Champs-Elysées, aux côtés de François Mitterrand. Je suis devant ma télévision. Le foulard de Danièle Mitterrand est emporté par le vent. Chirac le rattrape et le redonne à Mme Mitterrand. Et je réalise : Jacques Chirac est Président de la République. On a réussi…

-4- Sarkozy, un autre façon d'être Président

Tu as également été directeur départemental de la campagne de Nicolas Sarkozy, en 2007 puis en 2012. Quelles sont vos relations ?

Elles sont bonnes, excellentes même. Nous avons su très rapidement dépasser nos divergences de 1995 (Sarkozy avait choisi de soutenir Balladur, NDR).

Sarko, c'est un guerrier mais c'est aussi un homme qui sait écrire sur son compte personnel Twitter, alors que je sors de plusieurs mois de convalescence à Hyères, cela :

—« *Qu'y a-t-il de mieux dans la vie que de voir qu'un de ses amis reprend goût à la vie ?* »

Il m'a alors appelé deux fois. Je sais qu'il ne pense pas à moi tous les matins en se rasant, mais ces gestes-là touchent.

Comme tant d'autres, Sarkozy lance donc sa campagne en 2007 à Marseille…

C'est un peu devenu la tradition de la droite : Sarkozy lance donc sa campagne à Marseille, à Chanot… Le même jour que le salon de l'érotisme, qui se situe juste dans le hall à côté. Je suis à nouveau directeur de campagne. Et je dois répondre à une commande : les Parisiens ont décidé de faire venir beaucoup plus de monde que la seule capacité du hall, soit 8 000 personnes.

Lors d'une réunion avec le Préfet de l'époque, Claude Guéant, le futur ministre de l'Intérieur de Sarko, et d'autres, se pose la question des portiques. Les responsables de la Préfecture veulent placer des portiques à l'entrée du meeting pour sécuriser le lieu. Je me mets un peu en rogne. Je leur explique que ça va prendre des heures de faire entrer tout le monde, tant le meeting est attendu.

On décide donc de le faire à l'ancienne, avec un filtrage à la main !

Le ton est pas mal monté mais j'ai tenu bon !

Renaud Muselier te soutient même sur ce coup-là !

Oui, il leur dit :

—Oh les gars, il a quand même pas mal l'habitude, Bruno… Je pense qu'on peut lui faire confiance.

Ça avait beaucoup amuser la presse, le fait que le meeting se passe juste à côté du Salon de l'érotisme.

Ça a été un immense succès, avec des écrans géants dehors, sur l'esplanade, pleine jusqu'à la gueule. On aurait pu chanter en sortant :

— Je veux du cuir !

C'était drôle de croiser les gens qui allaient au salon de l'érotisme et les sympathisants ! C'est un bon souvenir.

Ça veut dire quoi, être directeur de campagne ?

Être directeur de campagne, c'est être attentif à tout. Créer des comités de soutien. Accueillir les personnalités. Répondre à leurs demandes, parfois à leurs caprices. Faire des choix. Dire oui. Dire non. Trancher. Apaiser. Assurer. Rassurer. Secouer. Expliquer pourquoi François Baroin plus qu'un tel, moins connu.

Tu observes, tu te marres aussi pas mal. En regardant ceux qui veulent être absolument sur la photo, comme si leur vie en dépendait. On ne gagne pas une élection et on ne réussit pas un mandat parce qu'on est sur la photo ! Je te jure, je me marre avec certains.

Et Sarkozy, comment le décrirais-tu en quelques mots ?

Sarkozy est une personnalité très différente de celle de Chirac. Mais à sa façon, fascinante. Il arrive à te faire croire que tu es une personne importante à ses côtés. Il a beaucoup d'affect en lui. Bien moins froid que certains. Sarko, quand il sort d'un meeting, il a perdu 3 litres de sueur. Sa chemise est trempée, son costume avec. Il donne tout. Absolument tout. C'est une bête de scène. Une énergie comme rarement on en croise. À sa façon il est très inspirant. Tu as juste envie de te glisser dans sa roue et de suivre son rythme effréné. Il t'embarque. Ça a quelque chose d'assez incroyable, une campagne avec lui. Pour lui. Il est une personnalité hors du commun.

-5- Et le tramway fut !

Le 3 juillet 2007 marque à Marseille un moment important : l'inauguration des deux lignes de tramway après des années de travaux dans la ville.

Les Marseillais étaient impatients. D'abord parce qu'ils avaient subi pas mal de désagréments au moment des travaux pour les deux lignes de tramway et les 4 stations de métro créées alors. Mais aussi parce qu'ils voulaient s'approprier ce moyen de transport agréable, en plein air si j'ose dire.

De ton côté, en tant que maire d'un secteur particulièrement touché, mais aussi gâté, tu les as vécus de plein fouet, ces travaux !

J'ai fait 54 visites de chantier. 54 ! Imagine le nombre de plaintes, de reproches, de récriminations que j'ai entendus. Je peux le comprendre. Entre la poussière, les rues bloquées, les déviations, le bruit… Mais en tant que maire de secteur, il te faut agir et apporter un peu de répit. Notamment aux commerçants.

Ça ne paraît pas grand-chose, mais le 1er mai, tu dois répondre à la demande du fleuriste et lui dégager la partie du trottoir pour qu'il puisse travailler. Et vendre son muguet. Et le jour du bac, tu dois faire en sorte que les élèves qui passent les épreuves au lycée Michelet, aux Cinq-Avenues, ne soient pas trop perturbés par le bruit des marteaux-piqueurs. Alors, tu te débrouilles pour que les travaux se calment au moins le temps des épreuves.

Les rails, je les ai portés sur le dos comme d'autres portent leur croix !

Mais ça en valait vraiment la peine : tous ces quartiers se sont transformés, apaisés, avec moins de voitures et plus de transports collectifs.

Le jour de l'inauguration, en présence du Président de la République Nicolas Sarkozy, tu as cependant un peu vu rouge…

Je ne suis pas d'un naturel susceptible mais ce jour-là, j'ai vraiment été sur le point de mal vivre un événement. Nous sommes devant la Bibliothèque de l'Alcazar et nous montons dans le tramway. Le protocole vient me voir pour me dire :

—Vous n'êtes plus parlementaire, vous ne monterez pas à la tribune avec le Président de la République et le Maire de Marseille.

Je l'ai un peu de travers. Il est vrai que je ne suis plus député depuis peu et pas encore sénateur.

Nous arrivons à Longchamp. Et je dis à Gaudin :

— Monsieur le Maire, je vous laisse. Je dois rester en bas.

— Quoi ? Certainement pas, hurle-t-il. Le tramway ici, c'est toi. Tu montes avec nous.

J'y étais en tant que journaliste, à cette inauguration, pour La Provence. Je me souviens même que le maire t'a cité !

Oui, Gaudin me cite dans son discours, Sarko aussi. Le président de la République cite également Renaud qui a effectué avec les équipes un travail de fou pour que ces grandes réalisations voient le jour.

Longchamp, pour toi comme pour tant de Marseillais, c'est bien plus qu'un jardin public.

Tu sais, l'inauguration du tramway juste en-dessous du Palais Longchamp, c'est l'un des moments les plus émouvants de ma vie politique. Longchamp, c'est là que ma maman m'a appris à marcher. C'est là que mes enfants ont fait du vélo ou sont venus jouer. Comme tant de petits Marseillais.

Franchement, je suis fier. J'ai morflé. Le tramway est là. C'est un moment d'histoire. Et symbolique au plus au point pour un gamin des Chutes-Lavie. Plein de souvenirs s'entrechoquent dans mon esprit.

(Il me montre alors une photo où on le voit avec Jean-Claude Gaudin, Renaud Muselier et le Président Sarkozy)

C'est l'une des photos les plus importantes pour moi.

Une dernière anecdote pour la route ?

Au-dessus du bar le Longchamp palace, boulevard Longchamp, il y a des gens qui ont posé une banderole :

—« Nico on t'aime ! »

Je le lui fais remarquer, en riant. Et en le tutoyant. Puis en m'excusant de l'avoir tutoyé maintenant qu'il est Président de la République !

Il m'a répondu :

—« Pas de problème Bruno ! Nous sommes amis ! »

En t'écoutant raconter ces anecdotes, on comprend que tu es un grand affectif !

Je le suis, c'est vrai. Je ne conçois pas faire de la politique sans l'affect. La politique, c'est du travail, des dossiers, de l'ambition pour la population, de la représentation des valeurs de la République. La politique, ce sont des alliances, des joutes verbales, de la stratégie. Mais c'est aussi beaucoup de sacrifices, des copains, et de l'affect. Beaucoup d'affect. Beaucoup d'émotions.

Chapitre 4

Marseille comme on l'aime

-1- L'envie d'être maire

Tu es entré en politique grâce à Chirac. Tu y es resté grâce à Muselier. Et tu as finalement enraciné ton travail politique avec Gaudin. Parle-nous un peu de cette campagne victorieuse de 1995. Et des conséquences pour toi.

La victoire de 1995 à Marseille, elle est due à l'alliance de l'UDF de Gaudin et du RPR de Renaud. L'UMP avant l'heure. L'UMP est née en quelque sorte à Marseille avant que Juppé ne l'invente au niveau national en 2001. À Marseille, c'est la 3e fois qu'a lieu l'élection par secteur, comme à Paris et Lyon.

Renaud a eu cette idée lumineuse de dealer un accord avec Gaudin au moment où Chirac est au plus bas dans les sondages, face à Balladur. On est en 1995, à quelques mois de la Présidentielle. Balladur est le grand favori. Chirac maintient sa candidature et la droite est divisée. Déchirée même. La Présidentielle a lieu un bon mois avant les municipales.

Renaud dit alors à Gaudin :

—Si Chirac gagne, on fait moitié - moitié sur les listes aux Municipales !

Gaudin accepte, n'imaginant pas la victoire du Grand !

Chirac gagne. Et nous emportons la ville.

Gaudin est élu maire, Renaud est Premier adjoint.

Et comment deviens-tu maire de secteur ?

Nous sommes en visite de quartier pendant la campagne municipale, et au détour de cette visite, Renaud me dit :

—Si on gagne, tu veux être maire de secteur ou adjoint avec une belle délégation ?

Très vite, je me dis, instinctivement : je veux être maire de secteur. Je suis un peu le local de l'étape. J'ai 34 ans, je suis né aux Chutes-Lavie, j'habite alors encore la maison de mes parents. Et je deviens maire du 3e secteur. J'en suis aujourd'hui le maire de secteur honoraire. J'ai été maire des 4e et 5e arrondissements pendant 22 ans, j'ai gagné 4 fois. Un record.

Cette campagne de 1995 a été finalement assez fluide.

Oui. On marchait sur l'eau. On avait même organisé un grand meeting à Chanot, pour lequel était venu Johnny. Un peu chaud bouillant, Johnny, si tu vois ce que je veux dire ! Fidèle à sa réputation. Il monte sur scène, prend le micro et annonce :

—Alors, on applaudit Jean-Claude Muselier et Renaud Gaudin.

Johnny, quoi !

Gaudin, tu travailles avec lui depuis 1995. On sent du respect pour lui, même un peu d'admiration pour l'animal politique qu'il a été. Feras-tu un inventaire de son bilan ?

Le maire, j'ai appris beaucoup à ses côtés. Mais tu sais, je ne suis pas dupe. Il faut plus d'un compliment pour me retourner. Alors oui, j'ai observé, j'ai obtenu des choses parce que j'ai bossé comme un fou pour mon secteur. Parce que j'ai été sur le terrain. J'ai rencontré la population, tout le temps. J'ai vécu normalement, si on peut le dire comme ça. Le droit d'inventaire est inévitable après 25 ans de règne.

Il a fait de bonnes choses, et laisser d'autres choses à la dérive. C'est indéniable. Mais ce livre d'entretiens n'est pas voué à trop parler du passé. Ni de Gaudin.

Je sais ce qu'il faut faire pour Marseille, pour les Marseillaises et les Marseillais. Je sais ce qui va bien. Je sais aussi ce qui ne va pas. L'insécurité, les incivilités quotidiennes qui bouffent la vie des gens, la pollution, la circulation, le logement insalubre, les écoles, les piscines, l'état des plages. Et la question de la gouvernance. Plus encore la question de la gestion de l'argent public. C'est central pour la population.

C'est pour tout ça que je veux être un maire à plein temps. Pour rendre cette ville dynamique. Ambitieuse. Pour qu'elle soit agréable à vivre. Pour toutes et tous. Je veux tout donner pour cette ville. C'est la mission de ma vie politique. De ma vie tout court.

Certains appellent à dresser rapidement le bilan des années Gaudin. Certains qui, d'ailleurs, ont été « créés » par Gaudin.

Oui, ils ont bien la mémoire courte. Moi, je poserais les choses différemment. Parce que je sais ce que je dois au maire sortant. Je sais aussi ce que la ville lui doit, malgré aujourd'hui une tendance un peu mortifère à tout critiquer et à oublier les atouts et les réussites de cette ville.

Mais il y a eu le drame de la rue d'Aubagne.

Bien sûr. Tu sais, j'ai été le seul au Conseil municipal qui a suivi le drame, à m'excuser publiquement au nom de la majorité municipale. Certains de mes alliés politiques m'ont un peu brocardé à ce moment précis. Les excuses, c'était une évidence. Et en tant que sénateur, j'ai fait voter en 2019 une loi sur l'habitat insalubre, loi d'ailleurs votée à l'unanimité. Je le reconnais ici, bien que ça ne soit pas de ma responsabilité : la gestion de l'après rue d'Aubagne a notamment été calamiteuse.

De l'avant aussi !

Disons qu'il y a eu beaucoup de laxisme et de désorganisation. Mais ta question portait sur le bilan des années Gaudin. Je poserais les choses ainsi. Tout d'abord, j'aime à rappeler une évidence : Gaudin restera un maire qui a compté pour Marseille, n'en déplaisent à certains. Et jusqu'à preuve du contraire, les Marseillais l'ont choisi depuis 1995 pour les représenter. S'il avait été si mauvais que ça, il ne serait plus là depuis longtemps.

Cependant, le bilan devra être fait sans concession sur l'action municipale, afin de connaître les fondations sur lesquelles nous aurons à nous appuyer pour bâtir l'avenir.

Mais je n'ai pas à personnifier ce bilan, c'est un travail d'historien, pas le mien. Ce qui m'importe c'est de me tourner vers l'avenir, résolument.

On dit aussi que si Gaudin a fait 4 mandats, dont deux de trop selon ton ami Renaud Muselier, c'est parce que l'opposition n'était pas à la hauteur.

Je ne veux pas entrer dans une polémique politicienne qui fatigue les gens. Tout ce que je sais, c'est que je serai le maire des Marseillais, pour qu'ils vivent mieux, sans leur mentir. Je ne veux pas les infantiliser. Je veux parler à des adultes aptes à entendre la vérité, même quand elle n'est pas agréable à entendre. En répondant à leurs besoins essentiels. Et en leur donnant de quoi être fiers de Marseille.

Martine Vassal dit la même chose : elle dit qu'elle est née pour réussir. Finalement, c'est un peu un cliché politique de dire ça, non ? Paroles et paroles...

Marseille, c'est la 2e ville de France, elle est tournée vers la Méditerranée, vers les Méditerranées même. Il y a beaucoup de pauvreté, c'est un port, avec ses atouts et ses questionnements. C'est une ville qui souffre d'une trop grande pollution. Et surtout d'un manque de cohérence générale.

Donc, oui, nous, personnel politique, nous aimons profondément Marseille. Moi, je cherche à en comprendre l'âme, ses détours, ses parts d'ombre, ses emportements, ses espoirs.. Elle est difficile, l'âme marseillaise, complexe, délicate, ombrageuse, cachée, abritée derrière certaines pudeurs ou coups de gueule.

En 2014, vous aviez avec Martine Vassal, Yves Moraine et Laure-Agnès Caradec, passé sinon un pacte, du moins une forme d'accord de non-agression entre vous. Tout ceci a du plomb dans l'aile depuis.

Nous sommes à peu près de la même génération. La génération de l'après-Gaudin. Le maire n'a jamais vraiment choisi ni désigné de successeur. On connaît l'histoire de Renaud, à qui Gaudin avait dit, dès 1995 : la prochaine fois, c'est ton tour. Et ça n'est jamais arrivé. Gaudin est ainsi, il ne peut pas vivre sans politique. Évoquer sa propre succession, c'est s'approcher dangereusement de la fin. Et ça lui est insupportable. On peut le comprendre. Gaudin est resté loyal avec ceux qui l'ont aidé financièrement pour mener des campagnes politiques. Dominique Tian, la belle-famille d'Yves Moraine, le père de Martine Vassal et tant d'autres. Moi, je ne suis pas un héritier. Mes parents étaient modestes.

Gaudin, sa vie n'a été que politique.

Gaudin a donné toute sa vie à la politique. Je ne dis pas qu'il a sacrifié toute sa vie à la politique. Mais il n'a pas de famille. Rien d'autre dans sa vie que la politique. C'est à prendre en considération quand tu parles de Marseille et que tu analyses cette ville et son personnel politique. Comprend-il ce que c'est que d'élever des enfants dans cette ville ? Être maire, c'est avoir l'expérience de cette ville : en tant que citoyen, parent, sportif, malade, fêtard, amoureux de l'OM ou d'opéra. C'est aller au Rooftop des Terrasses du Port pour partager un moment avec des amis et des jeunes de cette ville. C'est aussi marcher dans les calanques, c'est aller boire un café le matin dans un bar de quartier, c'est jouer à la pétanque en sirotant un petit jaune, c'est traverser cette cité et mettre trop de temps. C'est prendre le temps d'apprécier un coucher de soleil et la lumière si incroyable de Marseille. C'est chercher une librairie ou emprunter un livre dans une bibliothèque municipale. C'est aller au concert et au théâtre. C'est vivre, finalement !

Être maire, c'est savoir tout ça. Sentir tout ça. Expérimenter tout ça. Pour le rendre aux habitants de cette ville. Pour leur répondre.

On s'est éloigné du pacte de non-agression, là !

C'est vrai, je me suis laissé emporter par l'amour que j'ai pour Marseille ! Je deviens lyrique quand je parle de Marseille. Quand je pense à Marseille. Disons que je croyais, sans être naïf, que nous pouvions en bonne intelligence, prendre la suite et faire de cette ville une œuvre plus moderne. Avec Vassal, Moraine et Caradec, nous étions d'accord. Jusqu'à il y a peu et que leur appétit grossisse à vue d'œil, ils étaient d'accord et soutenaient même ma candidature à la mairie de Marseille.

Votre deal a plutôt bien fonctionné, d'ailleurs ? Du moins au début.

Oui. En septembre 2014, nous vivons un échec avec les Sénatoriales. Gaudin pensait faire entrer 5 sénateurs, et Jean-Noël Guérini lui en souffle deux sur la ligne d'arrivée. C'est un échec pour Gaudin qui se rêvait en président du Sénat. C'était le rêve de sa vie, peut-être plus encore qu'être maire de Marseille. Enfin, je ne veux pas penser à sa place, mais il me semble…

Le lendemain de ce camouflet, nous avons une grosse réunion à la fédération départementale UMP. Et je pousse Martine (Vassal) à prononcer sa candidature UMP pour les élections départementales à venir, en mars 2015. Guérini est alors au plus mal, il est triplement mis en examen, lâché par tous ses amis politiques. Sa majorité se fissure de partout. Et même s'il a encore des alliés dans le département, je pense que c'est le bon moment pour nous, UMP. Ça fait 110 ans que le Département, anciennement Conseil général, est à gauche. Martine a un peu la trouille. Je la coince dans un couloir, si je puis dire, et je lui dis :

—Gaudin ne veut pas. Mais on doit déclarer ta candidature maintenant. Laisse-moi faire !

Et tu fais quoi alors ?

J'avais préparé le coup. Gaudin était encore assommé de sa défaite de la veille aux Sénatoriales, la veille. En résumé, je dis :

—On ne pas attendre. Il faut proposer une candidature pour la présidence du Conseil départemental. Celle de Martine Vassal serait une très bonne chose dans le contexte actuel.

Et ça a marché. Gaudin a compris. Trop tard. C'était fait.

Derrière, nous avons mené ensemble une campagne qui a hissé Martine à la tête du Vaisseau bleu. J'ai fait le tour du territoire pour elle, rencontré les maires des communes parfois hostiles. Là où elle ne voulait pas aller, j'allais. Pour elle. Et elle a été bien aidée, il faut le reconnaître, par les divisions entre Guérini et les listes de gauche, notamment socialiste. C'était le moment.

Tu connais la formule : on peut être élu par hasard, on n'est jamais battu par hasard.

Je la connais et elle me semble adéquate avec le contexte ! Nous en reparlerons en mars 2020 !

-2- Le goût délicieux de la liberté

L'automne a été particulier pour toi. Le 27 novembre dernier, par 27 voix contre 11, la Commission nationale d'investiture de ton parti, enfin de ton ex-parti, choisit Martine Vassal pour représenter Les Républicains. C'est dur pour toi…

Oui, ça a été compliqué l'espace de quelques secondes. Si je peux le dire ainsi, presque comme un nouvel épisode de mon existence. Ni plus ni moins. J'ai beaucoup travaillé pour obtenir cette investiture, en me demandant pendant des semaines s'il n'était pas préférable de ne pas l'avoir.

Comme une liberté à laquelle tu as enfin osé penser ?

C'est un peu ça. Mon parti, d'abord le RPR, puis l'UMP, enfin Les Républicains, ça a été un peu comme une deuxième famille. Surtout le RPR pour être tout à fait honnête. C'est en tous cas comme ça que je le voyais jusqu'au 27 novembre 2019 à 20h30. Tu es dans les rails, tu fais les choses par tradition, par habitude et tu ne sais pas qu'il peut exister un autre chemin. Une autre façon de faire.

D'ailleurs, quand tu es sorti de la salle après le vote à Paris, tu as prononcé instantanément cette formule: « Je suis libre ». Et « Je suis libéré ». C'est incroyable… Comme si tu avais été prisonnier en quelque sorte.

C'est vraiment ce qui m'est venu à l'esprit. Vous ne voulez pas de moi, après tous les combats que j'ai menés et gagnés pour vous? Eh bien moi, je vais faire sans vous. J'ai encore tant de belles choses à faire.

Et ça n'est peut-être pas plus mal. Depuis la présidentielle et la victoire d'Emmanuel Macron, les partis traditionnels explosent, du moins souffrent. Le Parti socialiste est moribond, Les Républicains n'ont plus vraiment de chef et ont fait, aux Européennes de mai 2018, un score de 8% en France.

C'est aussi ce que j'ai pensé. Pour être sincère, je me suis dit aussi ceci : plus rien ni personne ne me tient. Plus personne n'aura d'emprise sur moi. Je suis un type loyal, un bon directeur de campagne. J'ai été élevé avec le RPR au culte du chef. C'est toute mon histoire politique. Rien ne s'est arrêté avec ce vote de

la CNI. Au contraire. J'ai même la sensation de rendre hommage
à mon histoire et à tous ceux que j'ai rencontrés sur ce chemin
politique, en poursuivant ma route libre.

**Cette non-investiture t'a poussée ensuite à démissionner du
parti et de la présidence de la puissante fédération des
Bouches-du-Rhône. Dans la foulée.**

J'ai réfléchi quelques jours. J'avais le choix entre me mettre en
retrait du parti, comme les statuts des LR le permettent. Ou en
partir. Définitivement. C'est une démarche très intime. 40 ans de
ma vie… J'ai réfléchi, consulté. J'ai fait mon choix rapidement.
En quelques jours et de courtes nuits, ça a été réglé dans mon
esprit. Sans colère. Sans esprit de revanche. J'ai été déçu bien
sûr. Par quelques amis. Par Christian Jacob, le nouveau président
du parti, qui n'a même pas la pris la peine de m'appeler ou de
m'envoyer un texto. Rien. Ça a finalement été plus simple de
partir dans ces conditions. J'ai appris à avancer.

**Sans te retourner, comme dans la chanson de Jacques Hige-
lin *« Pars et ne te retourne pas »* ?**

Presque. Je ne renie rien. Je n'oublie rien. Tu te rends compte de
la chance que j'ai eue de côtoyer toutes ces personnalités comme
Jacques Chirac, Philippe Seguin, Nicolas Sarkozy, Charles Pasqua. D'avoir gagné tant de batailles. Ça n'est pas donné à tout le
monde quand même. Je l'ai vécu, c'est en moi, je le raconte un
peu dans ce livre. Mais voilà, je suis libre. Mon parti c'est Marseille.

-3- Moi, maire de Marseille

Tu le dis, tu le répètes et c'est un axe fort de ta campagne : tu seras un maire à plein temps. Uniquement consacré et concentré sur les affaires de la Ville. Tu insistes beaucoup sur ce point.

J'insiste parce que c'est un point crucial. Marseille et les Marseillais ont besoin d'un maire qui s'occupe de la ville 24 heures sur 24. Pas en intermittence. Pas en gérant une autre collectivité. Marseille, c'est la 2e ville de France, avec toutes les problématiques que l'on connaît. Et la Métropole Aix-Marseille-Provence, c'est la première métropole de France, puisque celle du Grand Paris n'est pas encore fonctionnelle. Il n'est pas possible de gérer ces deux entités gigantesques, sans se perdre.

Et pourtant, jusqu'à il y a peu, Jean-Claude Gaudin était le maire de Marseille et le président de la Métropole…

Maire d'une ville très endettée et président d'une Métropole qui l'est tout autant ? Moi, je veux qu'on m'explique comment on peut défendre les problématiques d'une ville comme Marseille, et en même temps de 91 autres communes. Ça ne marche pas. Un exemple : on a délocalisé il y a quelques années le salon nautique à La Ciotat. Pourquoi pas ? Cependant, la capitale méditerranéenne qu'est Marseille peut-elle se passer, en termes de retombées économiques, touristiques, d'un salon de cette importance ? Je ne le pense pas. Donc, le maire ne peut défendre et sa ville et les autres villes. Il y a, il y aura des perdants. Hélas, c'est souvent Marseille qui perd.

Etre maire de Marseille, après Gaudin, c'est à la fois prendre la suite et en même temps être en rupture. Quelles seront tes premières propositions fortes une fois élu maire de Marseille ?

Je n'ai pas une priorité. J'en ai plusieurs. Permets-moi de te les donner sans ordre d'intérêt croissant ou décroissant.

C'est toi le patron !

Tout d'abord, dès le mois d'avril, je lance un concours pour recruter 150 policiers municipaux. Ce qui permet de passer de 450 à 600. Et surtout, je les remets dans la rue. Il faut que la Police municipale soit dehors, que les gens voient les agents. Je ne sais pas si les gens en ont conscience, mais Marseille compte pratiquement 900 000 habitants, beaucoup de touristes de passage et très peu, trop peu de policiers municipaux sur la voie publique. On sait que le ratio pour les grandes villes s'élève à 1 policier municipal pour 1 000 habitants. Nous en sommes très loin !

Puis je lance un 2e concours dans la foulée. Pour être très vite à 1 000 au maximum.

La ville est très étendue. Comment répondre géographiquement aux exigences de la sécurité ?

En répartissant en 3 bases les effectifs de la Police municipale : au Nord, au Centre et au Sud. Je veux également mieux qualifier les missions. Je créerai une Police verte de l'environnement, une Police de la protection animale, une Police des chantiers, une brigade canine et je renforcerai les brigades de nuit.

Il est vrai que les questions d'incivilités quotidiennes font partie des reproches des Marseillais. Et pas seulement des Marseillais d'ailleurs.

C'est quand même la seule ville de France où, pour ne pas payer un parking, on scie un potelet et on se gare sur le trottoir ou sur les pistes cyclables, en toute impunité !

C'est aussi la seule ville de France, je crois, où les scooters peuvent rouler sur les trottoirs. Tranquilles.

C'est encore la seule ville de France où on jette matelas, frigos, baignoires, dans la rue.

Je pourrais dresser une liste à la Prévert.

C'est aussi une ville, et là ce n'est pas la seule, où la fraude dans les transports en commun, fait partie de la norme. Où on fume du shit dans la rue.

Où des mineurs fument du shit dans la rue, ajouterais-je !

Exact. Ça doit changer. Les gens ne le supportent plus et on les comprend. Ces façades détériorées par des tags immondes, ces gens qui brûlent les feux rouges ou ne respectent pas les « Stop », se garent n'importe ou lèvent le frein à main pour aller chercher la baguette, le paquet de clopes ou le minot à l'école, ça n'est plus possible.

On pourrait consacrer un chapitre entier sur cette question des incivilités ! Marseille est championne de France, peut-être même d'Europe, question « Je m'en fous des autres » au quotidien. Indéniablement, on est au top du top !

Tu es un peu sévère, mais c'est vrai qu'il va falloir remettre de l'ordre et de la règle.

Un peu sévère ? Franchement, entre les tags, les crottes de chiens, les voitures garées à la « va comme je te pousse », qui empêchent parents avec poussettes ou handicapés en fauteuil de circuler sereinement. Entre les motos qui la nuit peuvent réveillés des milliers de personnes, les sacs poubelles jetés

n'importe où à n'importe quelle heure, etc. Je ne crois pas pousser le bouchon si loin !

C'est vrai. Tu as raison ! Je l'entends dans chacune de mes visites de quartier et ce, dans tout Marseille. Absolument partout. Les gens n'en peuvent plus de ce bordel permanent. C'est aussi un peu l'histoire de Marseille. Rebelle jusqu'au bout ! Sauf que ça n'est pas bon pour les investisseurs et pour les entrepreneurs qui veulent s'installer ici. Et ça n'est pas bon pour les habitants. Ça crée une forme d'insécurité. Il faut avouer quand même que le problème ne se pose pas qu'à Marseille, je regrette. À Paris aussi, on rencontre ce type d'incivilités. Il y a quelque chose de l'époque sans doute…

Tu as raison, Bruno. Mais Marseille tient le pompon, j'insiste.

Sans doute parce qu'il n'y a jamais eu de réelle volonté politique de poser la règle commune. Du moins, durable. La ville est un peu ankylosée. Il faut secouer un certain nombre de pratiques qu'on a tolérées mais qui sont intolérables, en fait. L'espace public appartient à tous, certes, mais il doit être respecté par tous. Ce qui n'est pas le cas. On a acheté une certaine paix sociale en laissant faire. Mais on s'est trompé.

Quand des automobilistes stationnent n'importe où, il faut le sanctionner.

Quand des gens jettent n'importe où leurs déchets, il faut sanctionner.

Quand des mecs à scooter roulent sur le trottoir, il faut sanctionner.

Quand des gens montent dans le bus, le tramway, le métro sans ticket, fument dans les transports en commun, mettent la musique à fond, il faut montrer l'autorité.

Une police municipale même élargie, même renforcée, ne peut pas tout.

Je demanderai à ce qu'il y ait un Procureur dédié aux affaires locales. Il y en a à Nice, sixième ville de France, et pas à Marseille ! J'en ai marre de cette impunité permanente partout. Ça donne de mauvais signaux à tout le monde. Ça crée de l'insécurité publique, sociale, environnementale, économique, citoyenne. Il n'y a aucune fatalité à ce que Marseille soit sale, polluée ou souffre d'insécurité. Ça n'est pas vrai ! C'est une affaire de volonté politique. J'ai cette volonté.

Autre sujet crucial à Marseille, le logement. Depuis le drame de la rue d'Aubagne, quelque chose a changé à Marseille.

C'est indéniable. Huit morts. C'est une véritable tragédie qui a marqué et marquera durablement l'histoire de notre ville. J'ai fait voter cette loi contre l'habitat indigne au Sénat, loi votée à l'unanimité. Ce qui est très rare. Dans toute la France, on considère qu'il y a plus de 420 000 logements indignes, dont 10% à Marseille. Le drame de la rue d'Aubagne nous a obligés à prendre du recul, au-delà de la forte émotion légitime. Il nous fallait comprendre pourquoi, et comment, nous en étions arrivés là. Collectivement. Tout le monde semblait avoir fait sa part de boulot : la Ville, la Métropole, le Département, l'Agence régionale de Santé, l'État. Tout le monde disait :

—C'est pas nous, c'est les autres.

Comment as-tu travaillé, justement, pour écrire cette loi sur l'habitat indigne ?

En tant que sénateur, j'ai d'abord travaillé avec les associations locales, comme la Fondation Abbé Pierre. Avec des gens qui ne sont pas forcément proches de moi politiquement mais qui ont accepté de s'asseoir autour d'une table pour identifier ce qui ne fonctionnait pas. Nous avons réalisé beaucoup de visites de terrain, et pas seulement à Marseille, partout en France, avec la Commission des Affaires économiques du Sénat présidée par Dominique Sassone-Estrosi. Commission qui portait ma Proposition de loi.

Que prévoit-elle précisément, cette loi ?

Elle a rendu obligatoire le diagnostic technique global : établir une vraie photographie d'un immeuble, tous les dix ans, notamment pour les immeubles anciens, sans attendre qu'il soit en état de ruine pour intervenir. Ce diagnostic permettra ainsi de dresser une liste des travaux à engager aux propriétaires, dont beaucoup sont de bonne foi.

Les marchands de sommeil, ces marchands de mort, doivent être sanctionnés plus durement. Une amende de quelques milliers d'euros ne suffit pas alors qu'ils en encaissent bien plus. Et en espèces !

Donc, une fois maire de Marseille, je créerai une Police municipale du logement composée d'une cinquantaine de policiers municipaux hyper formés à la lutte contre l'habitat insalubre. Cette loi a créé également le pouvoir de police du logement pour le maire.

Le centre-ville de Marseille a besoin d'un projet à la fois ambitieux mais proche de la population qui y réside. D'aucuns dénoncent une gentrification à venir du secteur.

C'est un terme à la mode. Après les bobos, la gentrification. Honnêtement, je n'y crois pas. Les habitants qui ont subi le drame de la rue d'Aubagne, qui ont tous été relogés ailleurs… Eh bien ils veulent revenir à Noailles. Ils y sont attachés. Ils ont su créer une atmosphère particulière qui leur convient. On ne va pas installer un Disneyworld à Noailles. Ça n'est pas possible. On ne fera pas sans l'avis de ces gens qui sont attachés à leur quartier.

Qu'envisages-tu alors ?

Je vois deux choses pour le centre-ville : une zone franche urbaine qui permettrait de faire revenir l'activité, la vie, en particulier du côté des professions libérales. En apportant une nouvelle dynamique, de la mixité grâce à des aides et à des subventions cumulatives. Je veux également que l'on installe du logement social de qualité, une accession à la propriété sociale et du locatif libre. Je ne veux pas de spéculation immobilière sur ce lieu symbolique et marqué qu'est le trou de la rue d'Aubagne.

On est loin du plan prévu il y a 20 ans par Gaudin et Bertrand, qui était, si l'on caricature à peine, de faire venir en centre-ville des gens qui paient des impôts et d'éloigner les autres, notamment les plus précaires.

Nous constatons qu'il y a toute sorte de populations qui vont habiter ou revenir dans le centre-ville. Ça aussi, c'est l'âme de Marseille. Je ne veux pas d'une politique urbanistique brutale. Mais faire revenir la vie, c'est aussi l'apaiser, par la piétonnisation. Par de l'activité. Du monde dehors. Des étudiants. Des touristes. De la vie, quoi.

Il est un autre sujet, ô combien délicat à Marseille, ce sont les services municipaux. La municipalité de Marseille, ce sont près de 12 000 agents, et dans certains services, on peut le dire sans leur faire injure, une désorganisation incroyable.

C'est effectivement un sujet délicat à Marseille. Maire de Marseille, je demanderai un audit des bâtiments municipaux.

Puis je rencontrerai sur place tous les services de la Ville. Certains services sont effectivement désorganisés, les agents peuvent être démotivés. Or, nous avons besoin d'eux, les Marseillais auront besoin d'eux pour que cette ville réalise les projets du quotidien.

Je veux revenir à une gestion moins verticale. Plus personne ne parle à personne. Nous avons partout des gens qui ont le sens de l'intérêt général. Il faut que nous les entendions, que nous remettions de la confiance, de la transparence, de l'éthique aussi. Et de la justice.

Marseille a besoin de retrouver de la confiance dans ses agents municipaux. Une désorganisation, plus ou moins volontaire, des services a entraîné des dysfonctionnements parfois gravissimes. La rue d'Aubagne en est la plus parlante illustration. Il y a des règles dans la Fonction publique territoriale. Mon premier souci sera de nommer des directeurs ou des directrices compétents. Je ne peux pas me permettre d'être hasardeux sur la question. Il y a de très bons agents ici, à Marseille. Et il y en a ailleurs. Nous reviendrons à une gestion des RH (Relations humaines) cohérente, équitable, transparente, mais exigeante.

La question environnementale est également très présente aux esprits, notamment des plus jeunes. Dans ton discours de meeting fin septembre, tu concluais par cette phrase : « Je veux être maire de Marseille pour les enfants de Marseille ! » Qu'as-tu à leur dire, aux enfants de Marseille ?

Je veux leur préparer une ville dans laquelle ils puissent bien grandir. On sent, on sait que le climat est en train de changer. L'été a été caniculaire. À ma mesure, en tant que maire, je peux prendre des décisions qui accompagnent le quotidien. Tout d'abord, je ferai un état des lieux des écoles élémentaires. Et je ferai planter des arbres dans les cours. C'est quand même incroyable que les cours de récréation ressemblent aujourd'hui à des planchas prêtes à faire cuire des steaks ! Quand on était petits, il y avait des platanes et on ne crevait pas de chauds comme ça !

Et dans la ville, nous devrons planter 25 000 arbres minimum. Des arbres de haute futée, déjà adultes. Évidemment, je ne sors pas de mon chapeau ces mesures. Des experts sont en train de travailler sur cette question. La ville étouffe, on lui reproche d'être trop minérale et c'est vrai !

L'un des grands débats qui agitent notre ville concerne l'état des écoles. Le journal Libération avait sorti un véritable réquisitoire accusant la municipalité d'abandonner ses enfants.

Il y a eu beaucoup de polémiques, notamment sur la mise en place possible, puis refusée, d'un partenariat public-privé. Le fameux PPP. Je n'y étais pas favorable à titre personnel, allant à l'encontre de la majorité municipale. Nous nous y engagions sur une période trop longue financièrement avec une somme approchant le milliard d'euros.

Que proposes-tu à la place ?

J'organiserai dès avril les États généraux des écoles marseillaises : tous les problèmes seront mis à plat et des solutions rapides et concrètes mises en œuvre. Il est hors de question de laisser ces écoles dans un tel état de délabrement. C'est un véritable diagnostic sur le bâti, les cantines et ce qui est servi aux enfants, le personnel municipal et les aides aux établissements qui sera dressé.

Et tu comptes travailler avec qui ?

Je propose un pôle de rénovation des écoles marseillaises avec un large partenariat : Éducation nationale, Associations de parents d'élèves, Fédération du bâtiment 13, etc. Avec pour objectif, de déterminer vraiment les besoins prioritaires des écoles à rénover et des quartiers où il va falloir très vite en construire. Et enfin, j'exigerai un ramassage des déchets alimentaires dans nos écoles chaque après-midi, pour éviter la prolifération des insectes et des rats.

Nous devrons aussi nous appuyer sur la Caisse des dépôts et consignations, la Banque des territoires.

Les piscines font figure de symboles pour pointer la mauvaise gestion. Je pense que c'est la seule ville de France où nager relève de l'exploit ! Certes, on a la mer et 57 kilomètres de littoral, mais bon...

C'est une vraie question, les piscines. La Ville est endettée et je ne vais pas pouvoir créer des piscines à tous les coins de rue. Mais il nous faudra interpeller la Métropole pour reconstruire les deux piscines Nord et Luminy. Ces deux piscines méritent autant de considération que celles de Cassis ou Venelles ! Ces deux complexes aquatiques sont payées et entretenues intégralement par la Métropole !

Très bien, mais l'argent manque ! Deux piscines supplémentaires ne permettront pas aux Marseillais d'exercer leur activité et de s'entretenir régulièrement !

Et en parallèle, je lance un plan Piscine en m'inspirant de ce qui se fait à Copenhague et à La Villette à Paris ! On manque de moyens ? Eh bien on va mettre l'imagination au pouvoir. On peut peut-être se baigner dans le Port, ou vers le Mucem. Ils le font bien, à Copenhague, se baigner dans le Port ! Mes équipes y réfléchissent. Je présenterai des projets ambitieux pour Marseille. Mais une élection municipale n'est pas un concours Lépine. Il s'agit d'argent public, je le répète. On n'est pas là pour se faire plaisir avec des projets pharaoniques et irréalisables.

Tu t'es engagé à inaugurer une plaque avenue des Aygalades, dans le 15e arrondissement. Une plaque Ibrahim Ali, en mémoire de ce jeune rappeur abattu par des colleurs d'affiche du Front national en 1995. Tu vas tenir parole ?

Evidemment ! Je m'y suis engagé auprès de sa famille, de ses proches. Je tiendrai parole. Je m'en fous d'être critiqué par mon propre camp. 25 ans pour lui rendre hommage au niveau municipal… Je le ferai, et rapidement !

-4- Ma vision pour notre ville

Marseille est à un tournant historique, après bien sûr 25 ans de règne de Gaudin. Mais pas seulement. Le temps est peut-être arrivé d'en finir avec l'après-guerre. Une forme de système qui a été mis en place par Gaston Defferre, poursuivi plus légèrement par Robert P. Vigouroux et enraciné par Gaudin.

Être choisi par les Marseillais en mars prochain n'est pas une fin en soi. Je dirais même que c'est là que tout commence.

Tu le sais, les critiques sont nombreuses et parfois justifiées. Les écoles, le logement insalubre, comme nous l'avons détaillé dans le chapitre précédent, font de Marseille une ville très en retard.

C'est un dessein pour les années et les décennies à venir que je souhaite pour notre Ville. Ma démarche repose sur un plan d'actions en profondeur. Je fixe des objectifs, des priorités et le temps venu, chaque Marseillais de cette cité pourra évaluer les réalisations entreprises. Les engagements que je prends aujourd'hui, j'en serai comptable demain. Je les tiendrai.

L'un des premiers axes forts de ta mandature sera d'être seulement, si on peut dire, le maire. Pas d'autre mandat. Tu t'y engages ici. Attention, les écrits restent.

Je n'ai pas d'ambition personnelle, je ne suis ni égocentrique ni tourné vers une logique d'appareil. Je pense avoir une vocation pour Marseille et je ferai tout pour la mettre au service de mes concitoyens. Donc oui, je serai un maire à plein temps, exclusivement investi pour la ville et les habitants. Je souhaite que cette dynamique profite pleinement à notre territoire et chacun dans ses compétences, mon ami Renaud Muselier à la tête de la Région Sud et Martine Vassal à la présidence du Département des Bouches-du-Rhône et de la Métropole, nous pourrons travailler de concert pour faire réussir le territoire.

En mai 2019, tu présentais ta charte pour une nouvelle gouvernance. Est-ce vraiment à un changement radical de méthode que tu appelles ?

Oui, très clairement, Marseille a besoin d'éthique. On ne peut plus continuer, pour une question de survie de la démocratie tout simplement, à mettre sous le tapis les privilèges des uns et des autres. L'époque a changé, c'est ainsi. Les élus doivent agir en toute transparence, qu'il s'agisse de l'utilisation de l'argent public ou des comptes qu'ils devront rendre aux citoyens. À Marseille comme ailleurs, on a trop joué avec les règles de la démocratie. Après, on crie au loup Rassemblement national. C'est trop facile, et surtout totalement inefficace. La seule attitude à adopter à l'égard du RN, c'est d'être propre, digne, républicain, honnête, transparent.

Tu veux solliciter davantage les citoyens. C'est un peu le concept à la mode, non ?

Je ne sais pas si c'est à la mode. Ce que je sais, c'est que les gens en ont marre qu'on leur impose des choses sans les consulter. Souvent, ils disent :

—Ah mais on ne vous voit qu'au moment des élections et puis après, vous disparaissez.

Moi, je rencontre, j'écoute. J'échange. Je propose. Je suis sur le terrain. Certains diront, à l'ancienne. Je crois qu'un maire doit choisir, trancher, décider, mais il doit aussi écouter.

Et justement, comment remettre de la vraie proximité ?

Je souhaite engager une nouvelle étape dans le processus de décentralisation des compétences des mairies de secteur. Objectif : une meilleure gestion de la proximité. Ce que j'entends par là, ce sont une de petits travaux dans les écoles, une gestion suivie des nouveaux équipements publics, une mise à disposition régulière d'équipage de la police municipale etc.

Un tel engagement doit servir aussi bien les grands projets que les problématiques du quotidien.

Parmi tes grandes annonces de campagne, celles portant sur la gouvernance et l'éthique posent véritablement les conditions de ta réussite une fois élu maire de Marseille. On change de logiciel...

Nous sommes tous arrivés au bout du système, effectivement. Élus comme population. Ça a fonctionné un temps, mais les effets pervers sont pénibles à vivre pour une grande partie de la population. On est au 21e siècle. Sans faire de Marseille un modèle à la Scandinave, il faut remettre de l'éthique, de la transparence et une gouvernance différente de celle que nous avons connue.

Quels sont les principaux points de la charte éthique ?

Tout d'abord, l'ensemble des élus devra signer cette charte. Je ne veux que des élus exemplaires. C'est à ce prix-là que nous ferons baisser la colère et la frustration des gens, donc le vote

RN. L'éthique n'est pas un gadget. C'est une exigence attendue de la part des citoyens.

La charte de l'éthique exige donc d'être au service exclusif de l'intérêt général, au bénéfice des Marseillaises et des Marseillais. C'est aussi pour la Ville se soumettre à une évaluation régulière des politiques municipales et en rendant public le montant de leurs indemnités d'élus. Je veux de la transparence.

Ils devront également assumer pleinement la responsabilité politique et personnelle de leurs actions. Les élus ne sont pas là pour se servir. Ils sont là pour servir.

C'est un peu remettre les élus au milieu de la mêlée. Qu'ils rendent des comptes en quelque sorte. Au maire, mais aussi et avant tout à la population.

C'est ça. Je veux qu'ils se rendent disponibles pour entendre et rencontrer. Pour échanger avec les gens sur la politique municipale et apporter les réponses utiles. Il faut communiquer. Communiquer, ce ne sont pas des milliers d'euros parfois gaspillés en campagne promotionnelle. Communiquer, c'est expliquer ce que nous faisons, pourquoi nous le faisons, pour qui nous le faisons, comment nous le faisons. Et combien ça coûte. Je me répète, mais c'est à ce prix-là que nous remettrons de la confiance en la politique.

Tu exigeras également de l'assiduité. Finalement, c'est remettre de l'ordre...

C'est un peu cela. Je veux que les élus assurent avec assiduité leurs obligations d'élus notamment par leur présence à toutes les réunions institutionnelles liées à leur mandat. Ils seront sanctionnés financièrement s'ils ne respectent pas cette clause. Cela se fait déjà à l'Assemblée nationale et au Sénat !

Une ville ne peut réussir sans une économie puissante.

Une ville a même besoin d'une économie puissante ! Elle a besoin que les entrepreneurs croient en elle pour installer leurs sièges. Pour que leurs salariés y vivent correctement. Tout se tient. Concrètement, je souhaite poursuivre la transformation numérique de Marseille pour en faire une ville innovante où le digital, par de nouvelles applications mobiles, facilitera la vie de ses habitants et favorisera l'activité des entreprises.

Pour impulser des dossiers et des grands projets, Marseille aura besoin de l'Europe. Or, trop souvent, la Ville ne fait pas appel aux Fonds européens auxquels elle peut pourtant prétendre !

Marseille a besoin d'argent ! Alors oui, il faut aller le chercher là où il est. Et il est aussi à Bruxelles ! Je suis d'ailleurs d'accord avec Renaud (Muselier) sur cette question, quand il propose la mise en place d'un Comité de coordination territorial et de structuration européenne. Il faut capter les Fonds européens. En s'associant à la Région. C'est ensemble que nous travaillerons pour la réussite de Marseille.

Nous sommes à l'ère du tout numérique. Certaines villes ont créé des plateformes digitales pour recevoir les vœux, les attentes des citoyens.

Oui, c'est une très bonne idée. Bientôt l'Intelligence artificielle permettra d'optimiser ces services. C'est de la politique participative. Sonder, questionner, c'est ce que les gens veulent aujourd'hui. Après tout, ils sont les premiers usagers des décisions politiques.

Bruno, si je peux me permettre, nous n'abordons pas dans ce livre certains thèmes : le communautarisme, le voile, le handicap, les questions de PMA et de GPA, etc. Ce qui ne signifie pas que tu n'as pas un avis ou, évidemment, des propositions.

Nous avons choisi de faire un livre d'entretien ouvert, pas un programme électoral. Nous aurions pu aborder bien d'autres sujets. Je le ferai évidemment très largement dans mon projet.

Nous aurions pu approfondir la question de l'économie, de l'attractivité du territoire, du tourisme, des commerces de centre-ville. Mais aussi du Grand port autonome de Marseille, crucial pour le développement et la réussite de Marseille.

Nous aurions pu également aborder la question du handicap dans une ville aussi étendue et chahutée que la nôtre. Celle du rôle des associations, très présentes sur la ville. De l'extrême précarité de certains. De l'islam politique qui menace nos valeurs républicaines et laïques. Des étudiants et de leur place dans notre ville. Des plages, du littoral et des fonds marins. Des Jeux Olympiques de 2024 et du travail déjà entamé de Jackson Richardson. Du monde de la nuit et de la fête qui a besoin d'être encadré et mieux accompagné.

Mais que les lecteurs se rassurent, j'ai entendu leurs doléances pour faire de Marseille une ville plus ouverte. Plus tolérante. Plus accueillante pour tous…

En fait, il faut pour Marseille une gestion ferme et juste mais apaisée.

Chapitre 5

D'accord, pas d'accord !

-1- Les sujets qui fâchent, ou pas !

Bruno, tu es un homme de droite, gaulliste social, ouvert. Tu évolues. Tu écoutes beaucoup. Il reste pourtant des sujets qui fâchent. Parmi lesquels, notamment, le fait que tu n'aies pas appelé à voter Emmanuel Macron au soir du 1er tour de l'élection présidentielle de 2017. Reconnais que cela a eu de quoi agacer ou surprendre.

Je comprends évidemment que tu me poses cette question. Au soir du 23 avril 2017, Macron et Le Pen sont qualifiés pour le second tour. Fillon est éliminé. Après une campagne très dure pour la droite.

Mais toutes les campagnes sont difficiles. Et pour tous les candidats.

C'est vrai. Mais nous sortons, à droite, d'une campagne des Primaires qui fut loin d'être simple. Avec d'abord l'élimination de Nicolas Sarkozy. Puis la victoire de François Fillon.

Il faut se souvenir de tout ça pour comprendre ma position. Fillon, à peine élu aux Primaires, au lieu de mettre tout le monde au travail, part en vacances. Tu imagines l'étonnement et l'incompréhension des militants ?

Puis il y a l'affaire Fillon en début d'année. Des semaines de révélations, de tergiversations, Juppé en plan B, puis Juppé qui abandonne. La droite est totalement déboussolée, dans une campagne qui au départ était imperdable. Imperdable, je me répète, après 5 ans de Hollande et un bilan franchement mauvais. Et Fillon est éliminé dès le Premier tour. Pour la droite, ça n'était jamais arrivé.

Tes troupes sont dévastées. Traumatisées. Moi, je dois tenir une des plus importantes fédérations de France. Ça n'est pas rien. On ne décide pas sur un coup de tête. La politique, ça n'est pas cela.

Certes, mais c'est difficilement compréhensible pour le citoyen lambda.

Oui, c'est vrai. Mais je dois d'abord m'adresser aux militants et à nos électeurs du 1er tour. C'est mon rôle de président de fédération. D'autant plus que Jean-Claude Gaudin et Renaud (Muselier) ont très rapidement appelé à voter Macron au second tour. Donc le message est passé. Et il est clair, le message.

Souvenons-nous de cette drôle de fin de campagne : le débat de l'entre-deux-tours n'a pas vraiment eu lieu, tant Emmanuel Macron atomise Marine Le Pen.

Moi, en plein accord avec Gaudin et Renaud, je ne donne pas de consignes de vote. Je dois avant tout tenir les miens. Si j'appelle à voter Macron, je les excite, ces militants abasourdis. Et pire, je prends le risque qu'un certain nombre vote Marine Le Pen. Par défi. Par provocation. Je ne veux prendre aucun risque. J'ai conscience que c'est compliqué à entendre, mais c'est la politique.

Tu as beaucoup de respect pour les militants.

Oui, énormément. Sans eux, que serait la démocratie ? On parle à des supporters. Certains militants sont prêts à tout. Ils se lèvent en pleine nuit pour coller des affiches, ils passent leurs week-ends, leurs soirées à distribuer des tracts, à faire du porte à porte, à monter et à descendre les étages, à tenter de convaincre. Sans eux, la politique ne serait pas. Oui, ils méritent le respect et notre reconnaissance à nous, élus.

Autre sujet délicat à Marseille, la question du clientélisme. Tu as été, d'ailleurs comme la plupart des élus de cette ville, tout bord confondu, montré du doigt sur cette question.

J'assume. C'était une autre époque. Les gens demandaient un logement, un travail, une place en crèche, à l'école. C'était la pratique. Moi, quand j'ai été élu, j'avais 34 ans. On m'a expliqué :

— C'est comme ça que ça fonctionne.

— OK.

Aujourd'hui ça me fait bien marrer quand des journalistes étrillent ceux qui ont été « clientélistes. » Tout le monde l'a été, en demandeur et en donneur. Même certains d'entre eux. Reste que dans une ville pauvre, tu ne peux pas ne pas répondre à certaines demandes. Les gens peuvent être désespérés, sans solution. C'est facile d'affirmer :

—Pas question de répondre à cela.

Mais quand dans les permanences les gens viennent te supplier, quand des femmes seules sont vraiment dans la merde, quand tu as face à toi la misère sociale, tu fais quoi ? Tu donnes des leçons de démocratie ? Non, tu tentes de trouver des solutions. Sans d'ailleurs en attendre toujours un retour dans l'isoloir. Les politiques ne sont pas cyniques à ce point. C'est méconnaître la fonction d'élu, les sacrifices que cela exige souvent. Alors c'est vrai qu'il y a eu des abus. Mais les temps ont changé. On ne peut plus faire ainsi. Et franchement, ça n'est pas plus mal. C'est équitable.

**Il y a aussi la question du syndicat majoritaire, Force ou-
vrière.**

Là aussi je vais être très clair. Quand je serai maire, je parlerai
avec tout le monde. Absolument tout le monde. Les syndicats
comptent à Marseille. Tous les syndicats. Les majoritaires
comme les minoritaires.

**Donc, pas question pour toi d'être fait membre d'honneur de
FO?**

Je vais être maire de tous les Marseillais. Force Ouvrière a été le
partenaire privilégié du maire, c'est vrai. Marseille n'est pas une
ville simple à gérer. D'anciennes pratiques héritées de Gaston
Defferre ont donné, à certains, l'illusion que ça serait toujours
ainsi. Permettant donc aux mêmes de profiter d'avantages et de
privilèges. Je ne serai pas ce maire-là. Je ne veux pas être le
maire d'un petit noyau. Je veux être le maire de tous les citoyens
de Marseille.

**En novembre 2019, le rapport sans concession de la
Chambre régionale des comptes a étrillé la gestion de Gaudin. Près de 700 pages assassines. Est-ce compliqué pour toi
de prendre tes distances ?**

Il ne s'agit pas de se dédouaner. Ça n'est pas la question. Ce
rapport dénonce des dérives. Des carences. Que j'ai déjà soule-
vées. Sur la mauvaise gestion de la rue d'Aubagne. Sur la mauvaise organisation des personnels dans les services. Sur la pro-
motion immobilière sans véritable contrepartie. Sur les écoles. Il

est évident, et ne je cesserai de l'expliquer puis de l'appliquer, que mon programme prend ses distances avec ce type de gestion. J'ai déjà pris mes distances. Sur le PPP dans les écoles. Sur la vente du Stade Vélodrome. Pas pour des raisons purement politiques. Mais vraiment en travaillant pour l'intérêt général. Pour les finances de la Ville. Je dirais, presque logiquement pour les finances de la Ville. Mais être dans l'opposition de tout, c'est à mon sens quelque chose de mortifère. Les Marseillais ont besoin d'espoir. De règles communes. De clarté. D'explications.

D'intérêt général, même!

Oui, d'intérêt général. Nous gérons de l'argent public. Nous ne faisons pas des choix avec notre argent, Mais avec l'argent des contribuables. Qui n'en peuvent plus des abus, de la gabegie de certains ou certaines. C'est une immense responsabilité. Redonner de la confiance passe aussi par là.

On reproche, enfin… On, disons plutôt que l'opposition municipale reproche à Jean-Claude Gaudin sa gestion immobilière. Plus exactement d'avoir vendu les bijoux de famille aux promoteurs. Prenons l'exemple de la Villa Valmer, qui a été une des polémiques estivales.

Quand tu as le pouvoir, tu dois t'en servir pour changer les choses. À la Kennedy, tu dis aux promoteurs immobiliers :

—Qu'est-ce que vous allez faire pour la ville ?

Dans le respect des lois et des règles, tu négocies avec les gros promoteurs. Légalement. Exactement comme je l'ai fait en tant que Maire de secteur dans le programme Clos Fleuri, boulevard Baille (5e arrondissement).

Le promoteur immobilier réalise son programme et il construit un espace vert, des jeux pour les enfants, un jeu de boules pour les anciens… Que la Ville lui achète aux prix des Domaines, sans aucune plue-value immobilière.

Et tu proposes quoi, pour que ça ne se négocie pas ainsi ?

Je suis favorable à la création d'une « Commission extra-municipale de la Ville sur l'aménagement du territoire », avec des représentants des architectes, des artisans, l'UPE 13 (Union pour les entreprises des Bouches-du-Rhône), la Fédération du bâtiment et travaux publics, la Capeb 13 (Confédération de l'Artisanat et des petites entreprises du bâtiment) etc.

Les grandes questions doivent être posées :

—Comment imagine-t-on la ville ?

—Avec quel impact ?

Nous parlions précédemment de la question du clientélisme. Un sujet revient souvent pour les familles, c'est celui de la garde d'enfant. On a souvent pointé le manque de solutions de garde d'enfant.

À juste titre ! Même si les choses se sont organisées depuis. Nous devons nous servir des moyens qui existent. Je me souviens qu'en 1995 était sortie une étude comparative avec Paris. Les crèches municipales là-bas se comptaient sur les doigts d'une main. Il n'y avait pas cette ancienneté du service public, contrairement à Marseille.

Mais en discutant avec des assistantes maternelles, en consultant, j'ai assez vite réalisé qu'il était possible de développer et d'encourager différents types de modes de garde. Nous avons eu alors l'idée du regroupement en « Maisons d'assistantes maternelles », qui autorisent des amplitudes d'horaires plus importantes.

Les parents n'ont pas tous les mêmes besoins. La crèche municipale c'est très bien, mais différents modes de garde sont possibles. En entreprises, en « Maisons d'assistantes maternelles », à domicile.

Une autre évolution qui m'a marquée chez toi, c'est la question du « Mariage pour tous ». Tu étais plutôt réticent à ce que des couples de même sexe s'unissent. Et finalement, tu as évolué. Tu as même célébré cet été un mariage entre deux femmes à la mairie de secteur.

Oui, j'ai évolué. J'étais très réticent, notamment quant à l'adoption par deux personnes du même sexe. Ce sont souvent de grandes interrogations intimes et philosophiques. J'ai parlé avec mes enfants, avec leurs amis, avec des tas de personnes, avec toi aussi ! Je ne dis pas que je me suis trompé, je dis simplement que j'ai évolué. Avec l'âge, je m'ouvre !

Deux autres grands sujets préoccupent les Marseillais. La sécurité, dont nous avons parlé précédemment, et la propreté. Les gens disent souvent que la ville est dangereuse et pénible à vivre. Et qu'elle est clairement dégueulasse. Bien que ce soit de la responsabilité de l'État pour la sécurité, et de la Métropole pour la propreté, il va bien falloir que tu t'y attelles, une fois maire de Marseille.

C'est évident !

Tu sais, quand je discute avec des copains ou des connaissances, beaucoup me disent : la ville est sale. Il va faire quoi, Bruno Gilles, pour que ça s'améliore ? Je leur réponds parfois, les gars, c'est une compétence de la Métropole, pas du Maire. Mais ils veulent des réponses… de la part du Maire !

C'est vrai que la gestion de la propreté est une compétence de la Métropole. Mais le dire ne suffit pas. Moi, Maire de Marseille, j'ai bien l'intention de travailler main dans la main avec l'équipe qui sera à la tête de la Métropole. Le maire de la deuxième ville de France ne peut supporter que la ville soit effectivement dans cet état. On a l'impression que tout a été tenté. Et que tout ou presque a échoué. Alors, on va tout mettre sur la table et se poser les bonnes questions, pour apporter les bonnes réponses.

Justement, quelles sont les bonnes questions à se poser ?

Écoute, on n'est quand même pas plus cons qu'ailleurs. Pourquoi ailleurs, dans les grandes villes en Europe, y compris dans le Sud, on y parvient à peu près ? Enfin, je dis bien à peu près, parce que quand tu regardes certains coins de Paris, on ne mangerait quand même pas par terre, hein… Donc, pourquoi, ailleurs, on y arrive un peu mieux ? Je reviens de Madrid, toi tu adores le Portugal et l'Italie : franchement, ce sont des endroits agréables pour y passer du temps ! Alors, à Marseille, on va vraiment s'y mettre. En modifiant plusieurs choses : l'organisation des personnels et le matériel d'une part ; la verbalisation et le respect de l'espace public d'autre part. Nous allons par ailleurs nous appuyer sur les mairies de secteur, avec pour objectif de décentraliser plus de pouvoir. La proximité est une clé.

Donc tes réponses sont dans tes questions. Il faut réorganiser d'une part, et donner à aimer Marseille d'autre part.

Oui. On va demander des comptes à tout le monde. Personnels municipaux comme citoyens. Je ne peux plus supporter d'entendre que Lille, Bordeaux, Nantes sont propres parce qu'il y pleut plus souvent qu'à Marseille. Et que si Marseille est sale, c'est à cause du mistral.

Prenons un seul exemple : celui des marchés de forains. C'est quand même incroyable qu'aucun élu ne soit parvenu à régler ce problème.

Ce problème ? Des dizaines, des centaines de petits sacs plastique qui se baladent dans la nature, dans nos rues, à la fin des marchés ? Mais c'est complètement aberrant, tu veux dire ! D'abord que ça ne choque pas les forains eux-mêmes. Qu'ensuite on ne leur ait rien proposé pour que ça s'arrête ! Ce sont ces petits riens qui sont devenus insupportables et qui génèrent un sentiment d'insécurité. Comment veux-tu que les Marseillais soient fiers de Marseille si la ville est dans cet état ?

Fier de Marseille, donc : c'est quoi, pour toi ?

Des choses simples. Ce que veulent les habitants d'une ville, c'est toujours la même chose. Les gens veulent une ville accueillante où il fait bon vivre, dans la propreté et la sécurité.

Mais Marseille ne sera jamais Disneyland. Il faut en finir avec ces discours de communicants qui distribuent des plaquettes sur papiers glacés, vantant des réalisations hors de prix financées par de la dette.

Souvent, nos réalisations ne sont pas en adéquation avec nos finances. Nous sommes garants de l'argent que la population nous confie. Marseille n'est pas Monaco. Marseille est une ville populaire. Ce n'est pas un manque d'ambition : simplement, ne nous prenons pas pour ce que nous ne sommes pas. Sinon nous allons droit dans le mur et nos enfants vont en payer le prix fort.

-2- Le national, ça compte aussi !

Martine Vassal a répété lors des interviews qu'elle a pu donner que tu avais choisi de mener une carrière politique nationale. C'est-à-dire que tu avais choisi, au moment de la fin du cumul des mandats, de rester Sénateur et non Maire de secteur. Moi, j'aimerais savoir ce que ça t'a apporté d'être député, puis sénateur. Ce que ça a apporté à Marseille.

Là aussi, je pourrais te répondre longuement mais je ne veux pas lasser les lecteurs… Je vais résumer. D'abord, ça m'a apporté de la hauteur et je dirais, de la distance avec le local. J'ai été Maire de secteur pendant 22 ans, je suis Maire honoraire depuis 2017. J'ai été élu député en 2002, puis sénateur en 2008, réélu en 2014. Travailler comme parlementaire te permet d'approfondir des dossiers de fond qui touchent les Français, et de fait, les Marseillais. Cela t'ouvre intellectuellement, politiquement. C'est beaucoup de travail de fond. De méthode. De rigueur. Et puis, ceux qui peuvent me le reprocher aujourd'hui n'ont jamais eu la chance, l'honneur, l'opportunité de gagner une élection nationale. Ils n'ont jamais pris le risque de se présenter à une élection nationale. Ou, s'ils l'ont pris, ce risque, ils ont échoué.

Si tu n'avais pas été sénateur, tu n'aurais pu faire voter cette loi qui concerne l'habitat indigne et qui fait suite au drame de la rue d'Aubagne.

Rien que pour ça, pour cette loi votée à l'unanimité, je suis fier d'avoir été sénateur.

Marseille subit, depuis les années 70, et même un peu plus, le trafic de drogue. Et là, on n'est pas au cinéma. C'est un fléau. Cela entraîne des assassinats, une consommation importante de drogue partout, et notamment chez les plus jeunes. Qui, pour un certain nombre sont déscolarisés. Bien que ce soit une compétence régalienne, c'est au maire de régler les conflits qui gangrènent sa ville.

Marseille, comme la plupart des grandes villes de France, a un problème avec la question du trafic de drogue. Les arguments du Rassemblement national portent, élection après élection, et ce, quelle que soit l'élection, nationale ou locale, sur les questions de sécurité. Il faut entendre l'inquiétude des gens, leur ras-le-bol. C'est donc bien un sujet politique, un sujet sur l'avenir de notre démocratie locale. Ne nous voilons pas la face, il y a à Marseille, comme ailleurs en France, un vrai problème : le trafic de drogues.

Et la consommation, notamment par les plus jeunes. Ce qui pousse à la déscolarisation, à la perte de repères, à la violence.

C'est un fléau de notre société actuelle. Je suis père de famille et comme tout parent, je ne veux pas que mes enfants fument ou prennent de la drogue. Sauf qu'on en trouve partout à Marseille, du moins assez facilement. Ça passe donc bien sûr par du dialogue, mais aussi par de la répression. Et là, ce n'est pas le père qui parle mais le responsable politique.

Comment peut-on régler le problème de cette délinquance ?

Je ne crois pas que la dépénalisation de la drogue soit la solution… D'ailleurs, elle l'est déjà un peu, dépénalisée, la drogue, en France, si on constate, en le regrettant, la facilité pour se procurer de la drogue…

Faut-il prôner la prohibition ? Ça ne marche pas forcément.

Faut-il, à l'instar du Portugal, dépénaliser toutes les drogues ? Je ne le crois pas.

Reste qu'à Marseille, on ne pourra pas continuer à assister placidement à de nombreux assassinats, à cette vie parallèle à la nôtre. On s'y est presque habitués. Or, c'est totalement insupportable que des jeunes gens soient assassinés. Que d'autres, dès leur plus jeune âge, consomment de la drogue toute la journée, au lieu d'aller en cours. Ces questions de santé publique, que l'on ne traite pas de front, deviennent insupportables.

Et nous allons droit dans le mur. Ou nous nous cognons la tête contre le vote Rassemblement national ? Qui s'installe. Qui monte même, dans certains quartiers.

Si le RN est si haut partout en France et particulièrement dans notre région, c'est bien qu'il y a des raisons. Tous les électeurs RN ne sont pas des horribles fascistes, racistes, xénophobes, antisémites, débiles.

Le vote RN est avant tout contestataire. C'était le rôle du PC (Parti communiste) dans les années 70 ; c'est celui du RN aujourd'hui. Il est toujours plus facile de contester, d'être contre, que d'adhérer à une politique. Que de proposer. Que d'inventer. Que d'être aux responsabilités. Et de prendre les coups.

On a toujours une bonne raison de sanctionner un(e) politique pour telle ou telle raison personnelle. C'est le vote « vengeance ». Ça existe, il faut l'accepter. Mais il y a aussi des réalités, notamment des tensions liées à l'insécurité et à l'incivisme. Aujourd'hui, on a d'un côté ceux qui dégradent nos vies, notre ville, et de l'autre ceux qui payent physiquement, mentalement et financièrement pour ces dégradations. Et ce sont ceux qui sont dans les clous qui ont le sentiment de vivre moins bien que ceux qui choisissent de vivre en dehors. Ce sont ceux qui jouent le jeu commun qui sont mille fois plus emmerdés que ceux qui font n'importe quoi.

Oui, on a parfois la sensation que deux camps s'affrontent dans un combat qui ne dit pas son nom.

Il faut que l'inconfort change de camp. Rappeler encore et encore les lois et règles du vivre ensemble.

Mon rôle n'est pas de leur faciliter la vie. Je veux devenir leur pire cauchemar. Et là, je m'adresse autant aux jeunes qui mettent le bordel, qu'aux gens qui font n'importe quoi avec leurs bagnoles, des quartiers Sud au Nord et à l'Est. Je m'adresse à tout le monde, je ne stigmatise personne. Je le répète, l'inconfort va changer de camp quand je serai Maire de Marseille. C'est la meilleure façon de faire baisser ce vote RN que d'aucuns agitent comme un épouvantail.

Mais tu ne pourras pas tout faire seul, même avec la meilleure volonté du monde !

C'est exact. Il faudra mettre chacun des acteurs institutionnels devant ses responsabilités. Là aussi, on ne peut rien faire seul. C'est ensemble que nous avancerons.

Tu vas nous refaire le programme commun, parti comme tu es !

Pas encore ! Ça viendra peut-être avec l'âge, qui sait ! Plus sérieusement, les élus qui font des cadeaux avec l'argent public, c'est insupportable. Quand je vois des responsables de collectivités financer, je le répète, avec l'argent public, des manifestations qui ne font pas partie de leurs compétences, je ne comprends pas que cela soit possible ! Je serai garant de cela quand je serai Maire de Marseille. Bien sûr qu'il est nécessaire pour la bonne image d'une ville d'organiser des événements marquants, mais la bonne image d'une ville passe aussi par sa douceur de vivre. Les gens vont en vacances à Lisbonne ou à Amsterdam pourquoi ? Parce que c'est agréable d'y vivre, même en week-end prolongé ! Parce qu'ils y découvrent un patrimoine unique, une âme, des traditions, des vieilles pierres, de l'art culinaire, de la culture, des gens vrais qui aiment et défendent leur propre ville. Il n'y a aucune raison que cela ne soit pas le cas pour Marseille ! Soyons inventifs, soyons novateurs. Et n'ayons pas peur du progrès. N'ayons pas peur de l'avenir !

Alors, oui, je rendrai les Marseillais fiers de Marseille !

Chapitre 6

On change de cycle

Les 15 et 22 mars, c'est demain

Bruno, nous sommes arrivés au bout de notre entretien. D'abord, merci d'avoir pris le temps de répondre à mes questions. De t'être ouvert ainsi. Librement.

Je suis tout d'abord heureux d'avoir raconté un peu l'homme que je suis. D'où je viens. J'aurais pu parler de mes chers parents, qui m'ont appris les valeurs que je porte aujourd'hui : le travail, l'effort, le mérite bien sûr. L'affection des siens. Ne pas trop se prendre au sérieux, ou pour le dire autrement, ne pas attraper le melon. Ils m'ont transmis le sens de l'intérêt général. Tu sais, mes grands-parents paternels sont originaires des Landes.

Des Landes ? Tu n'es donc pas un pur Marseillais !

Disons que je suis un pur sudiste ! (Rires) Mon père est Landais, venu vivre à Marseille quand il a épousé ma mère. Elle passait en fait ses vacances à Luxey avec sa sœur : les deux sont tombées amoureuses ! Ma tante est partie vivre en Gironde ; et maman a ramené papa dans ses valises à Marseille !

Je crois qu'avec Silvia, ta femme, vous allez souvent vous reposer à Luxey ?
Oui, environ trois fois dans l'année. Ma grand-mère y vivait. C'était important pour moi d'aller la voir régulièrement. Elle est décédée en 2014 à l'âge de 102 ans. J'étais très attachée à ma grand-mère. Je suis né un 26 décembre. En 2014, elle était très fatiguée. Elle a attendu que je sois là pour mon anniversaire. Me dire au revoir. Elle s'est éteinte le lendemain, le 27 décembre.

Ton oncle est à l'initiative d'un beau festival à Luxey…
Mon oncle était médecin et maire du village. Il a en effet créé le festival Musicalarue, qui a accueilli lors de sa dernière édition en août 45 000 personnes sur trois jours. J'aime beaucoup m'y reposer l'été. Nous avons gardé la maison de ma grand-mère. Nous y recevons des amis, la famille. Je m'y ressource. C'est calme. Un très bel endroit. C'est même un autre lieu fondamental, juste après Marseille, dans mon cœur !

Et si tu devais livrer un dernier message aux Marseillaises et aux Marseillais, quel serait-il ?

J'aurais envie de leur dire que malgré les épreuves, personnelles, collectives, on se relève toujours. Je sais de quoi je parle, avec ma greffe du cœur. Je suis debout : parce que je suis entouré de personnes qui me sont chères, parce que j'y ai cru, parce que j'ai beaucoup travaillé. Marseille est un peu une abîmée du cœur elle aussi. Elle est souvent maltraitée, malmenée, critiquée. Cette ville ne demande qu'à être respectée et aimée. Elle ne demande qu'à retrouver de l'estime. De la part de ceux qui l'accompagnent. Si les Marseillais me font l'honneur de me choisir en mars prochain, je serai le maire des Marseillaises et des Marseillais. De tous. Pas d'une poignée.

Tu as souvent parlé de respect au fil de notre entretien.

Oui, je trouve qu'on manque de respect à l'égard de Marseille. Et de gratitude. Quand tu voyages un peu, en France ou à l'étranger, les habitants sont souvent les meilleurs ambassadeurs de leur ville. Nous, à Marseille, on l'aime, cette ville, mais on n'ose pas le dire. Il faut que ça change. Il faut que les Marseillais soient fiers de Marseille. Pas seulement fiers d'être Marseillais. Fiers de Marseille.

Finalement, Marseille pourrait être un peu comme toi, une miraculée ?

Il y a un peu de cela, oui. C'est la raison pour laquelle je crois que l'équipe qui m'accompagnera dans cette aventure municipale pourra améliorer non seulement le quotidien, mais aussi redonner une certaine fierté. D'être Marseillais. De Marseille. Quand tu reviens de loin, tout a un goût différent. Je l'ai expliqué en début de livre…

En fait, faut-il être un peu fou pour faire de la politique et vouloir être maire de Marseille ?

Un peu barjot ? Sans doute, oui. Comme mon ami Jackson Richardson ! Mais il faut aussi être très bien dans ses baskets, dans sa tête, dans sa vie.

On dit souvent de Marseille qu'elle est « indirigeable ». Que chacun des 860 000 Marseillais est unique. Je crois qu'on peut aimer cette ville, la redresser, porter pour elle une ambition saine.

J'ai cette volonté en moi. J'ai le goût de la chose publique. De l'intérêt général.

Bruno, et si tu étais l'atout cœur pour Marseille et les Marseillais ?

Que les Marseillaises et les Marseillais t'entendent !

Que la Bonne Mère t'entende !

À suivre…

Nos remerciements à nos familles et nos ami(e)s.

À celles et ceux qui ont accompagné et partagé l'écriture et la conception de ce livre. Des soutiens comme on en compte peu.

Bienveillants, exigeants, drôles, festifs, rigoureux, matinaux, patients, tendres, confiants. Présents. Très présents.

Ils se reconnaîtront sans que nous ayons besoin de les citer.

Merci à vous. Vous avez toute notre gratitude.

Merci également à Prebas Mounissamy pour la photo de couverture.

Table des matières